AF452674

LES
RÊVES
DE
L'ANTIPAPISTE,

ou l'apocalypse moderne.

Jésus-Maria ! (c'est le titre d'un bouquin mystique du bon prêtre normand, fondateur des <u>Eudistes</u>, espèce dérivant en cagotisme, des <u>barbichons-lazaristes</u> ; des Nicolaïtes, dits <u>Culotins</u>, (parce qu'ils couchent caleçonés par pudeur ;) des Sulpiciens ignorantins, dits cheveux-gras ; des Bouas ou Saintyonistes, et même des défunts ignaciens.)

(3)

» .... Ceux qui regarderont cette pièce
» comme une Sottise, me paraissent
» eux-mêmes de grands Sots ....
            Molière, cité par l'ex-jésuite F. A. litt.
1774. tome 7. p. 89. n°. 32. lett. 4.

Trop heureux de me plaire à d'agréables Songes,
Il ne m'importe fort peu si ce sont des mensonges:
Et même quelquefois par l'extase emporté,
Je jurerais qu'ils sont pleins de réalité.
            Mélan. de pièces fugit. p. 113
            Londres, 1740.

L'ANTIPAPISME

RÉVÉLÉ,

OU

LES RÊVES

DE

L'ANTIPAPISTE.

A GENEVE,
Chez GEORGE LAPRET, à l'Enseigne
de la Mitre.

M. DCC. LXVII.

A SON EXCELLENCE

MONSEIGNEUR

LE COMTE

DE

Pétrisaint,

Premier Chambellan du Roi des Rois, Intendant-Général de tous les Porteurs de Baudriers, Calottes rouges, noires, & autres couleurs, & son Ministre Plénipotentiaire auprès de Sa Hautesse Ecclésiastique.

MONSEIGNEUR,

IL faut un grand Nom à la tête d'un Ouvrage ; j'ai

 fait

fait choix du Vôtre, parce qu'il eſt toiſé pour remplir une bouche large de trois aunes. Qu'un Livre ſoit bon ou mauvais, il ſuffit d'en décorer le Frontiſpice pour faire courir après lui. Tout dépend aujourd'hui de l'Annonce ; & l'étalage d'une belle Affiche couvre aiſément les défauts de la Piéce.

Je ſais que les Automates reliés en petits Mécènes, ne man-

manquent point aux beaux-
Arts ; ils ne font que trop
communs pour la honte des
petits Auteurs qui les orga-
nifent : Mais comme tous ces
Patrons foi-difants Littérai-
res ne valent pas la moindre
de vos Épitres, permettez,
Monfeigneur, que j'y renonce
de bonne foi, pour n'afpirer
déformais qu'à l'Éternité de
vos promeffes. Daignez protéger l'Hiftoire de mes Rêves ;

&

& puisque la vérité s'y mêle par-tout, faites-moi l'honneur de les placer au nombre de ceux que votre plume a consacrés, & que mon Livre ne soit effacé de la terre, que pour vivre à jamais dans le Ciel, & trouver sa place dans la Bibliotheque des Anges.

Je suis très-respectueusement,

MONSEIGNEUR,

Votre très-humble, très-obéissant, & très-zélé Serviteur,
BRISE-CROSSES.

PRÉFACE

qui n'est point un Rêve.

SI tous les Hommes ne reconnoiſſent qu'un ſeul Dieu, tel que la raiſon nous l'annonce, ou tel qu'il ſe peint lui-même dans la grandeur de ſes Ouvrages ; comment concilier l'Unité, la Perfection Divine, avec la génération d'un Fils, qu'on

b   dit

dit être Dieu comme celui qui l'a procréé ? S'il est vrai qu'il est Dieu lui-même, d'où vient qu'avec le même principe il veut avoir la même fin qui nous est commune à tous ? Pourquoi nous prouve-t-il qu'il est Homme par sa naiffance ? Et pourquoi permet-t-il que sa Divinité se contredise avec sa mort ? Non , la raifon ne peut allier la poffibilité d'un Dieu qui veut naître homme , avec l'incompatibilité d'un Homme-Dieu, qui se dépouille de sa Divinité pour la reprendre après sa mort. Tout est incroyable,

tout

tout eft en oppofition dans ce Miftère. Comment fe peut-il que la Créature donne la vie au Créateur, que la partie produife le tout, qu'une figure d'argile, donne l'être & la force à celui qui la pêtrit, & la jette au moule? Il faut pourtant refpecter le voile qui couvre cette contradiction, & faire d'une chofe impoffible à croire le premier objet de fa créance, ou rifquer d'être traité d'impie, d'abominable, & jugé digne d'être brûlé dans ce monde & dans l'autre. *du f...ardin de Swinden.*

Mais pourquoi condamner

la

la raison qui ne veut point admettre la possibilité d'un effet qui précéde la naissance de sa cause ! Est-il à présumer que la connoissance des Prêtres soit plus étendue que celle de Jesus ¿ eût-il ignoré qu'il étoit égal à son Pere, s'il eût partagé son essence ? Et puisqu'il a dit lui-même, comme le rapporte très-bien son Disciple Jean [XIV.] *Le Pere est plus grand que moi;* Pourquoi séparer la Divinité paternelle de la sienne ¿ quel peut être l'objet de la différence qu'il a voulu mettre entre l'une & l'autre ? Pou-

roit-il

roit - il être Dieu lui - même
fans fe connoître ? Et doit-on
fuppofer une Effence divine
dans celui qui peut l'ignorer
& la démentir ?

Le Seigneur Jefus, s'eft - il
jamais annoncé pour être le
Fils de Dieu ? A - t - il jamais
voulu fe parer d'une Divinité fauffe ou réelle ? Oublia-
t - il un moment qu'il étoit
l'Homme - Jufte, & qu'il devoit le facrifice de fon orgueil
à l'amour qu'il eut toujours
pour la vérité ? Quelle fubli-
mité de vertu ne falloit - il
avoir pour s'élever au-deffus

d'un moyen qu'il auroit pu rendre utile à fa puiſſance, & même aux deſſeins qu'on veut lui prêter. Loin de vouloir être honoré comme Fils de l'Eternel, il ſe fit une étude, un devoir même ʃ de fermer la bouche à tous ceux qui lui prodiguoient cet auguſte Nom, parce qu'il s'en croyoit indigne ʃ & qu'il ſavoit bien qu'il ne lui étoit pas du. Ce qui ſert à nous prouver que ſi le Sauveur eût été effectivement de la même Eſſence que ſon Pere, il n'auroit pas manqué de faire éclater ſa Grandeur, de paroître

&

& d'agir en Dieu, puifque
de notre aveu même, c'étoit
le principe & l'unique fin
qu'il devoit avoir dans fa
Miffion.

Me dira-t-on que Dieu-
même à reçu le tendre nom
de Pere de la bouche de Jefus : mais a-t-il prononcé ce
nom dans un autre fens que
celui que nous lui donnons
chaque jour, lorfque nous
récitons l'Oraifon Domini-
cale?

Mais pourquoi chercher à
divinifer la Naiffance de Je-

ſus ? Pourquoi la couvrons-
nous d'un voile ſacré qu'il de-
chire lui-même ? Ne ſavons-
nous pas que l'idée d'un Fils
de Dieu fait Homme, nâquit
au ſein de l'Idolâtrie, & que
cette opinion, qui précéda
le berceau du Chriſtianiſme,
long-temps honorée chez les
Païens, fut tranſmiſe enſuite
aux premiers Chrétiens, qui
la reçurent comme une vérité ſainte, & non comme un
fruit de l'erreur, puiſqu'il
devoit ſa premiere culture au
Paganiſme.

Et ne ſuffit-il pas de jetter
un

un coup d'œil rapide fur
l'Hiftoire de l'Efprit-Humain,
pour voir qu'il a fuivi dans
tous les Siecles la même opinion, & qu'en remontant à
la fource des Révolutions
qu'il peut avoir éprouvé, on
la découvre toute entiere dans
la variété des objets, & non
dans l'uniformité des idées,
qui fe reffemblent chez tous
les hommes, & dans tous les
âges. Parcourez la Théogonie
des Egyptiens & des Grècs,
vous n'y trouverez par-tout
que des Dieux incarnés, ou
des hommes déifiés, & le
Culte qu'on leur adreffe, fera
l'em-

l'emblême des différentes qualités qu'ils nous ont fait adorer. Vous verrez que leurs Autels ne différent que par la maniere dont on les encenfe, & qu'à leur empreinte uniforme on reconnoit par-tout la main qui les pétrit, ou le cifeau qui les façonne.

De-là vient que la Religion Chétienne, s'accorde fi bien avec le Génie des Prêtres, dont elle eft l'ouvrage, & que les mêmes raports qui l'identifient avec l'efprit Sacerdotal, la mettent fans ceffe en oppofition avec la Doctrine de Jefus.

Jefus : Car plus on l'examine,
plus on voit qu'il eſt impoſſi-
ble de concilier l'amour du
prochain avec le fiſtême d'une
Religion qui l'attaque & le
détruit. Ce principe qui renferme toute la Logique des
vertus, eſt d'autant plus contraire à l'établiſſement du
Chriſtianiſme, qu'il eſt inſépa-
rable du bonheur des hom-
mes, & qu'on ne peut puiſer
dans la Morale Chrétienne,
que le poiſon du bien public,
& la haine des vertus qui le
produiſent. Or, je demande,
fi l'Homme Juſte, qui regarde
cet amour du prochain comme

le

le premier befoin de l'humanité, & qui connoit affez le
vuide de nos cœurs pour fentir qu'il ne peut être rempli
que par cette amitié récipro-
que ; je demande, dis-je, fi
l'Auteur d'une Morale fi pré-
cieufe à tous les hommes,
voudroit ouvrir & corrompre
en même-temps la fource de
notre bonheur, & s'il eft poffible qu'il voulût mêler dans
nos cœurs le germe de la
Haine & de la Difcorde, aux
femences de l'Amour, & de la
Paix ? Pouvoit-il ignorer que
le calme ne regna jamais dans
le fein d'un nouveau Culte,

&

& que plus une Religion
naiſſante croit avoir des droits
ſur la crédulité des Peuples,
plus elle a d'ennemis à combattre & de diviſions à produire, ſur-tout lorſqu'à l'ex-
cluſion de toutes les autres,
elle nous attire & nous flatte,
par les promeſſes d'un bien
qui ne peut être donné que
par elle. Le Seigneur Jeſus
connoiſſoit trop bien le génie
des Prêtres, pour ne pas ſavoir que l'art d'étouffer en
nous le germe des vertus ſo-
ciales, étoit la premiere leçon
qu'on apprenoit à leur école,
il ſavoit trop bien qu'entre

deux

deux Autels que l'on encenſe
d'une maniere oppoſée, on
vit brûler de tout temps les
flambeaux de la Diſcorde, &
qu'il les eût allumé lui-même
avec le feu de l'Encenſoir qu'il
auroit porté dans ſes mains,
ſur-tout en oppoſant une nouvelle Religion à celle des Ra-
bins, qui perſuadoient au Peuple, qu'un Temple de Porphi-
re & de Marbre, étoit moins
agréable à Dieu, qu'une Sinagogue de Pierre. L'opinion
de cette erreur avoit tellement
infecté le Judaïſme, & corrompu la ſource de l'amour
fraternel, que le Seigneur Je-

ſus

sus qui voioit à regret lá divi-
sions Schismatiques qui remplissoient la Sinagogue, crût
que le plus sûr moyen de les
calmer étoit de changer en
plaisir le premier devoir de
l'humanité, en ordonnant à
tous les hommes de s'aimer,
& de ne former entre eux
qu'un Peuple de frères. Que
cette Loi si digne de son Auteur tienne lieu de Catéchis-
me à tous les Peuples, & que
sa force toujours nouvelle
s'augmente avec la douceur
que nous goûtons à la suivre.

Si le desir de faire naître
un

un nouveau Culte fût entré dans la Miſſion de Jeſus, N'eſt-il pas vrai, qu'au lieu d'une Morale incompatible avec celle des Prêtres, il eût adopté le principe ſur lequel on doit fonder toute eſpece de Religion, & ſans lequel elle ne peut ſubſiſter, puiſque l'édifice eſt appuyé ſur des fondements qui s'écroulent d'eux-mêmes : Ce principe eſt que les hommes peuvent offenſer la Divinité, cependant au lieu de l'établir, il le détruit entierement dans la reponſe qu'il fait à ſes Diſciples au ſujet de l'Aveugle-né, que toute la logique

gique des Prêtres s'épuise en
vains raisonnements pour lui
prêter un autre sens , il n'est
pas moins vrai, que les Difciples de Jesus voulant savoir
de lui (*) si cet Aveugle , ou
son Pere, ou sa Mere avoient
péché, il leur repondit qu'aucun des trois n'étoit coupable.

Par cette reponse laco-
nique, & digne d'être écrite
en Lettres d'Or, cet homme
sage détruisoit non - seulement
le Paganisme , mais il sapoit
encore les fondements de la

c   Sina-

(*) *Jean IX.*, ℣. 2.

Sinagogue , & par les différentes fecouffes qu'il donnoit
à tous les Temples , il ébranloit celui des Chrétiens , &
préparoit la ruine de toutes
les Mofquées ; car fi cet aveugle , qui fans doute étoit dans
l'âge , où l'on offroit des Sacrifices à l'avidité des Prêtres,
n'étoit coupable d'aucun péché par lui-même , ni par les
fiens, comme nous l'apprend
celui que nous appellons la
vérité-même : que deviennent
toutes les fables des Prêtres
au fujet du prétendu péché
qu'ils veulent que nous ap-
portions en naiffant , non-feulement

lement ∥ on reconnoit le faux de cette opinion ∥ que l'on veut appuyer de la venue du Messie ; mais encore on voit que tout ce que la Religion Judaïque appelle Sacrifice, n'est qu'un beau recueil de mensonges inventés par les Prêtres ∕ : Car enfin, détruisez le péché contre Dieu, vous rompez le charme qui couvre la magie des Prêtres ∥ & vous n'avez pas besoin de leur ministère.

Et qu'est-ce que l'homme pour pouvoir offenser un Dieu dont la puissance n'a d'autre

 mesure

meſure que l'immenſité de ſes bienfaits , qui voit tous les Peuples Sauvages , & les Nations éclairées ſe confondre & ſe perdre également à ſes yeux dans le vuide immenſe que rempliſſent ſes bontés infinies ; ſe peut-il , qu'une parole , un geſte , une penſée & même une action pût lui déplaire de la part des hommes , puiſqu'il n'eſt d'autres péchés que ceux que le gouvernement déclare tels , & qui ſont nuiſibles & funeſtes au bien public ? Notre Sauveur Jeſus , a-t'il reconnu des péchés d'une autre nature ? A-t'il jamais éta-

bli

bli la nécessité des Pardons &
des Indulgences ? Et que de-
viendroient les principes du
bonheur public , les nœuds
de la Société , les Loix & les
Vertus ?, Si le droit de substituer le calme de l'innocence ,
aux remords du coupable, de-
pendoit de trois , ou quatre
mots de Latin aussi mal enten-
dus que mal articulés ?

Si le Seigneur Jesus , eût
ambitionné la Thiare , si le
faux éclat qui séduisit de tout-
temps l'esprit des Novateurs,
eût porté l'illusion dans un
cœur qui ne connut que la

 sagesse

sageffe & l'amour des vertus ?:
Ne pouvoit - il pas reunir
dans fa main tout le poids du
Scèptre & de l'Encenfoir ?
Peut-on fe priver de fa fumée, quand on eft dévoré de
fon yvreffe ; n'avoit-il pas en
fon pouvoir tous les moyens
d'ufurper l'un & l'autre, puifqu'il pouvoit faire fervir à
fes deffeins toutes les puif-
fances du Paganifme qui gou-
vernoient alors la moitié de
l'Univers ?

Jefus n'eft pas venu pour
nous donner des Prêtres, ni
pour l'être lui - même, il n'a
penfé

pensé qu'à faire des heureux & des sages, il n'a prêché que pour nous apprendre à le devenir. Il nous témoigne clairement que sa Mission n'est qu'un hommage authentique qu'il a dû rendre à la vérité; il est venu pour nous la faire aimer, & nous inviter à la suivre; tandis que ses prétendus Successeurs nous apprennent à l'éviter, & ne cherchent qu'à nous la rendre odieuse. Quand Jesus a parlé pour elle, le miel étoit toujours dans sa bouche, & la clémence dans son cœur; au lieu que les Prêtres n'ouvroient la bouche que

 pour

pour respirer la haine & nous infecter du poison dont elle est remplie. Les attraits de la douceur ont été les Armes de Jesus, au lieu que la force & la trahison soutiennent tous les Droits sacrés qui sont établis par la fraude. On ne voit rien dans la vie de Jesus, pas même dans l'Histoire de ses pensées, ou de celles qu'on lui prête, qui ne souleve l'esprit & la raison contre les opinions de ses prétendus Successeurs, & malgré la contradiction qui règne entre le mensonge & la vérité, on veut me forcer à croire que les Oppresseurs

de

de la charité chrétienne, font les Difciples d'un homme, qui nous a appris à la connoître, à la défirer, & à l'entretenir. La liberté de penfer fut la dévife de Jefus, il voulut en être le Panégirifte & l'Apôtre le plus zélé, au lieu que le Catéchifme des Prêtres n'eft plus que le Code de l'ignorance, comme le Tribunal de la Pénitence, n'eft que l'emblême de la fervitude des fens & de la raifon. C'eft ainfi que par une conduite bien foutenue & qui ne démentit jamais la douceur de fon caractére, il a prouvé que loin de

vou-

vouloir augmenter le nombre des Prêtres, il n'a cherché qu'a les rendre meilleurs & plus utiles. Ouvrez l'Hiſtoire des Religions depuis que le Monde ſubſiſte, juſqu'au Siecle ou nous vivons, que trouverez-vous ? Des Miniſtres qui ſervent l'audace d'un impoſteur, pour tromper la crédulité des Peuples ; des Autels élevés par la fraude & l'injuſtice, & qu'on affermit à force de trahiſon & de meurtre ; un Encenſoir qui s'allume aux flambeaux de la diſcorde ; des Prêtres qui ſe nourriſſent du ſang des Peuples, pour être

en-

enrichis des offrandes des Rois : des fers que l'on donne par-tout à la liberté de penfer , ; l'humanité qui reclame dans tous les Siecles, les droits de la raifon qu'on avilit au pieds des Autels. Voilà l'affreux Tableau que chaque Religion nous offre dans fa naiffance. Peut-on accufer le paiffible Jefus[*] d'avoir voulu donner au monde le fpectacle de tant d'horreurs ?

Non-feulement, il n'a pas voulu s'ériger en maître de nos opinions , mais il a reculé

[*] pauper et mansuetus, porte la fameuse medaille du fage Melanc-thon, 1537. le pape y est regalé de l'epithete de dives et truculentus. Voïez les Stromates, p. 258.

culé les bornes que l'on donnoit par-tout à la liberté de penser. Parloit-il en public, chaque mot qui fortoit de fa bouche nous pénétroit de cet efprit de tolérance qui devroit être commun à tous les hommes ? Et ne lifons-nous pas dans les Evangeliftes, que malgré la défenfe de fa Religion, Jefus n'a pas rougi de s'entretenir avec des Payens, de converfer avec des Samaritains, & de traiter la Circoncifion de vieille coutume, en parlant avec des fémi-Juifs. Il a fenti que dans l'abîme des erreurs où nous fommes

plongés,

plongés, l'homme prendroit souvent une fausse clarté pour guide, & qu'à force d'épuiser ses recherches, la seule liberté de penser pourroit nous conduire à la découverte de la vérité.

Oui, s'il est une Religion véritablement sainte, c'est celle qui subsiste depuis la naissance du Monde, celle que Jesus a rénouvellé lui-même, qui n'a qu'un seul & même principe, un seul & même devoir.

O Religion Sainte! charité bien-

bienfaifante ! C'eft à toi de rapprocher les cœurs, & les efprits que les divifions des Prêtres ont éloignés trop long-temps, & puifque tu m'as dicté cette Préface, daigne mettre dans l'efprit & dans la bouche de mon Lecteur toute l'indulgence que j'aurois moi-même pour la foibleffe de fa plume, ne permets pas que l'on pefe cet Ouvrage à la balance des Prêtres. Je refpecte, j'adore la Morale de Jefus ; j'en fais l'objet d'une étude profonde ; je la médite par-tout, & m'y conforme autant qu'il eft au pouvoir

de

de mon cœur. Je crois, je reconnois un Dieu, je l'invoque tous les jours contre la
perſécution des Bramines, &
dans l'Enthouſiaſme dont je
ſuis pénétré , je répéte en
ſecret, ce que diſoit autrefois,
ce Gymnoſophiſte Chinois?
Grand Dieu ! que le règne
de la Charité vienne, puiſ-
qu'il doit améner celui de la
vérité ; qu'il ſuccède bientôt
à tant de Siècles de haine &
d'ignorance : ſimplifie ta Reli-
gion pour la rendre plus pure,
renferme-la toute entiere dans
le ſeul principe du bonheur
des hommes. Délivre-nous de

ce fatal Génie, qui n'a que
trop infecté l'Esprit-Humain,
délivre la raison d'un esclava-
ge qui la déshonore & l'opprime, & que la liberté de penser, & de m'élever jusqu'à
toi, éternise un hommage que
je consacre à la Charité.

LES RÊVES

DE

L'ANTIPAPISTE.

CHAPITRE I.

La nuit du 25 Avril 1767.

AH ! l'aimable Compagnie que celle des fonges ! qu'il eft doux & plaifant de vivre avec eux ! Quelle variété de décorations & de fcenes toujours nouvelles ! Qu'une Cervelle eft heureufe quand elle fe promene d'un vuide à l'autre†, puifqu'elle eft toujours meublée de mille petits riens qui difparoiffent, pour faire place à d'autres. qui s'évanouiront à leur tour ! Quoi de plus délicieux que de voir ces perfides enfants du fommeil s'habiller à la mode des Courtifans, & ne marcher jamais qu'avec une provifion de trente vifages de rechange ? C'eft

† voici un pamphlet philofophique d'un jefuite du tems de Louis 13. intitulé, le vuide plein, et le plein vuide. Il eft très rare.

aìnſi que ſur un lit, qui tantôt eſt le théâtre de la folie & tantôt celui de la raiſon, nous ſommes les acteurs & les dupes de la diverſité des rôles dont il eſt bigarré ; mais comme l'illuſion eſt ſouvent la mere du plaiſir, la vérité peut être à ſon tour la fille du menſonge : tel eſt l'effet de cet agréable ſommeil, qui m'a plongé dans un Océan de lumiere, où je croyois être englouti pour toujours ; c'eſt en vain que je m'épuiſois en efforts pour m'élever ſur la ſurface, j'étois entraîné par la peſanteur de mes idées ; & quand je craignois de toucher au fond, j'en étois plus éloigné que jamais. Enfin le voile a diſparu ; la ſource d'une clarté plus pure s'eſt ouverte, le Ciel s'eſt montré ; j'ai vu le grand Séraphin, ou plutôt, j'ai cru le voir à peu près comme certain Prophete le vit autrefois, avec cette différence, qu'on l'appelloit de ſon temps le Saint-Homme qui veille toujours, & que je veux être nommé le Petit-Antipapiſte, qui ne ſait que dormir & faire des rêves. Le Grand-Maître du Ciel, dont j'ai contemplé tous les traits, ne m'a point paru tel qu'il nous eſt peint dans la Caverne de ſes Oracles ; il ne reſſemble point à celui qui ſortit autrefois de la cervelle d'Homere : au lieu de cet Oiſeau terrible qui porte la Foudre ſur ſes aîles, une jeune Colombe eſt aſſiſe à ſes pieds ; ſes yeux, toujours remplis d'un feu divin, n'ont jamais regardé les ſept collines, ils ſont fixés vers les bords de la Tamiſe, qui fut de tous

temps

temps la Patrie des Sages : souvent elle voltige
sur la tête du Pere Céleste, qui toujours plein
de l'immensité de ses idées sans en être accablé,
ne laisse tomber ses regards vers la Terre, que
pour y tracer l'image de ses desseins : un nuage
profond me déroboit sa longue vûe, & sembloit
la borner devant moi, tandis qu'elle s'étendoit
en silence au-delà de l'Eternité. C'est ainsi que
Frederic paroît ne voir les choses qu'à demi,
pénetre, éclaire tout, & devient inaccessible
à tous les yeux. J'ai vu les Portes du Ciel af-
siégées par une foule de Bramines de toute
espece, qui, depuis vingt siecles, attendent
qu'on les ouvre : en vain ont-ils essayé mille
fois la force des prieres, épuisé toutes les
grâces du langage, présenté des Requêtes en
vers ; un mur d'Airain leur ferme la patrie des
Anges, & le Portier Céleste n'est pas moins
inflexible que le Batelier des Enfers ; car le
bienheureux Pétrisaint ressemble au vieux
Caron ; une barbe à la Turque descend sur
sa poitrine, & la couvre toute entiere ; son
habit de pêcheur, plus usé que le temps, tombe
en lambeaux, & ne laisse voir à mes yeux qu'un
squelette ambulant. J'ai pénétré la foule de
tous ces pauvres Canonisés, qui déclamoient en
vain contre les Commis aux Barrieres du Ciel.
Hé ! quoi, mes petits fraudeurs de la gabelle
de Saint Mathieu, vous osez donc ainsi nous
abuser sur la terre ! vous nous vendez des
passeports pour le Royaume spirituel, & vous

n'en

n'en gardez point pour vous-même : on diroit que votre figure est plus étrangere ici que la mienne ; car je suis entré dans le Paradis, je ne sais par où ni comment ; & vous, qui prétendez avoir droit de l'ouvrir à tous les fideles, vous n'avez pas vos entrées libres ; vous avez donc trafiqué d'un droit qui ne vous appartenoit pas, & les Clefs que vous avez fabriquées sur la terre, n'ont point été limées sur les Serrures du Paradis. Pendant que je les accablois de ce juste reproche, je vis entrer un Oiseau rapide, qui portoit deux Trompettes, une dans son bec, & l'autre au bout de sa queue ; chaque plume de ses aîles formoit un porte-voix, qui produisoit autant de sons qu'elle avoit des couleurs différentes : d'abord il promena son vol sur tous les chefs de la Troupe Angélique, & bientôt il s'arrêta sur la tête de Bonaventure ; car il aima de tous temps les beaux esprits, qui parlent beaucoup & disent peu. A peine eut-il fixé son vol, qu'il agita, déploya toute l'immensité de sa queue, & de toutes les plumes qui la composent, sortirent autant de voix éclatantes qui répandirent dans le Ciel toutes les fables du vieux testament, entremêlées de quelques vérités modernes.

Ici, l'on publioit que l'Espagnol, au lieu de Chocolat, ne vouloit vivre désormais que d'Antimoine (*) & que ce Mineral deviendroit

la

(*) *On a tant de goût pour l'Antimoine dans ce*

la nourriture de tous les Etres Penſans, depuis
que les eſtomachs François s'accoutument à le
digérer, & qu'on a ſenti qu'il n'étoit pas de
plus puiſſant remede pour nous ſauver de la
contagion Monaſtique. Ailleurs on apprenoit
qu'une Eſcadre de douze Vaiſſeaux chargés de
Loyoliſtes étoit ſortie des Ports d'Eſpagne, pour
faire voile vers l'Italie ; (§) malheureuſe paco-
tille & trop digne de périr dans les flots, puiſqu'elle étoit contagieuſe au pays même qui l'a
vu naître, (*) puiſſe la fureur des élements ſou-
lever les vagues contre elle, & ſauver par un
juſte naufrage les Rois, les Princes & leurs
Miniſtres ; & ſi la Mer craignoit de l'engloutir
dans ſon ſein, que le Vatican ne lui ſerve
d'entrepôt & d'aſyle que pour en être infecté.
Que de nouvelles de toute eſpece ne débitoit-t-on
pas ? Chaque mot qui ſortoit de ſa queue portoit la fievre & la déſolation dans les Cloîtres ;

A 3

tantôt.

---

*Siecle, qu'à force d'en faire uſage, on verra
bientôt changer les Cloîtres en fripperies de Capuchons & de Frocs.* [note manuscrite illisible]

(§) *On dit, & le fait eſt certain, que d'un coup
de Dez, jetté dans la nuit on à raflé dans les Eſpa-
gnes, tous les Compagnons de* Malagrida *; que benit
ſoit l'habile joueur ; qui ſait agiter le Cornet avec
tant de force & d'adreſſe.*

(*) *Qui croiroit que la Société de Jeſus nâquit
en Eſpagne, & que cette fille ingrate & dénaturée,
déchiroit en ſecret le ſein de ſa nourrice ?* [note manuscrite illisible] *chez nous, dit Struenſée. 1772.*

tantôt il fermoit la Chartreuse à tous les débauchés convertis, tantôt il métamorphosoit en perruque la Calotte de S. Benoît : on disoit que, par une grâce du S. Siege, la fameuse Présidente venoit d'être mitrée, (*) & que par la vertu d'un petit Bâton croisé que l'on mettroit dans sa main, elle briseroit ces infames prisons, qui ne servent d'asyle à la pudeur que pour outrager la nature & déshonorer l'humanité. Puisse-t-elle s'enrichir des enlévements qu'elle fera dans les Cloîtres, & que son serrail ne devienne le tombeau du célibat que pour être la pépiniere des vertus ! Ce n'est pas tout : on voyoit cet Oiseau babillard déchirer à grands coups de bec un Chapeau rouge qui venoit d'être vendu ; triste & fatale emplette, qui ruina l'acheteur, sans enrichir la fabrique dont il étoit sorti. (§) Il faisoit entendre que la cervelle du bienheureux Christophe étoit plus que fendue, depuis que la Logique de l'infortuné Jean - Jacques avoit mis la sienne en défaut ; il assuroit de plus avoir vu des Magistrats mollement couchés sur des Evangiles, & que les
Rois

(*) *Fameuse Ambassadrice d'amathonte, qui jouit à Paris du privilege de trafiquer impunément de la propriété d'autrui.*

(§) *Une Dame très - aimable, qui ne vit plus, profita du marché par l'entremise du Cardinal ***, qui fut le Maquignon de cette affaire.*

Rois du Paraguai feroient bientôt réduits à la néceffité de porter la couronne de S. François: il ajouta qu'on parloit en France de l'Election d'un Patriarche, & que le crédit du Sénat, toujours plus digne de s'accroître, pourroit bien élever le Cardinal de ***. à cette nouvelle dignité. C'eft ainfi qu'on fera rentrer dans les forges du Vatican toutes ces Bulles infenfées qu'on en voit fortir. Et pourquoi veut-on imprimer le fceau de la calomnie fur les deftructeurs d'une Secte auffi coupable qu'elle eft à craindre? Il étoit temps de couper l'arbre au pied, & de l'attaquer jufques dans fes racines; car la feve en étoit fi corrompue, qu'elle infectoit déjà cent mille lieues de terrein. Ah! fi le Grand deux fois fept (*) eût vécu, l'ame de Loyola feroit au pouvoir de Belzebuth; & le bon-homme qui s'eft avifé de prendre fa place, n'eût pas joué le rôle de S. Ignace au bruit des fifflets. Le Grand-Maître de la Loge des Saints qui prêtoit une oreille attentive à toutes ces vérités, ordonna bientôt à cet Oifeau babillard de ferrer le bec, & d'aller porter ailleurs fes caquets importuns : ceffez, lui dit-il, de femer des bruits que le perfide Ignace ne peut entendre fans rougir, hâtez-vous de fortir de mes Etats; allez apprendre à l'Univers que le grand Archibullaire ne tardera pas à fe repentir d'un coup de tête qui ne peut que porter à gauche, puifqu'il eft

A 4

con-

______
(*) *Benoît XIV.*

conduit par les Compagnons de Malagrida ;
dites par-tout que je veux moi-même les
chaffer du Ciel, & commencer par le Héros
de la Secte, pour le punir d'avoir infecté ma
Religion d'une Doctrine Luciférienne. A ces
mots, l'Oifeau difparut. le Pere de l'Eternité
rida fon front, & l'Ange exterminateur, qui
ne fit jamais de quartier, faifit tous les enfants
de Loyola par le derriere ; & d'un coup de talon
qui fit trembler le Ciel & tous les environs
de Lisbonne & de Madrid. les précipita fur la
terre, où la plupart font devenus marchands
d'efprit. Il en eft un fur-tout, (*) qui dans la
Bourfe de Londres, s'eft avifé d'en vendre à
tout prix ; mais depuis que la valeur de cette
Marchandife eft connue. elle eft par-tout au
rebut, & tout l'Efprit de la Société mis aux
encheres, produiroit à peine de quoi payer le
l'Huiffier Prifeur.

CHAPI-

_____

(a) *Le Baron Duclos & Comp., ci devant Pere
de la Valete : il avoit coutume de dire que le bien
des fots étoit le Patrimoine des Gens d'efprit ; il
difoit vrai, car jamais perfonne n'a mieux pra-
tiqué cette maxime que lui-même.*

CHAPITRE II.

La nuit du 26 Avril 1767.

DÉLIBÉRATION DU GRAND-SÉRAPHIN.

TOut étoit tranquille dans le Ciel après la disgrace de la Compagnie de Jesus ; mais le Grand Maître de l'Olympe, qui perce les abymes de l'avenir, craignoit, pour le repos de sa chere *Glisée*, quelque secrete altération. Il appella le destin, qui s'occupoit à tracer dans son livre des révolutions qui sont encore à naître, & que le regne de la sottise va bientôt amener. Ce vieux Pere du monde étoit assis entre deux abymes, que l'Eternité sa mere ne cesse de creuser. Celui qu'elle montroit à mes yeux recevoit dans son sein ces beaux siecles d'or, qui renaissent de temps en temps dans un petit coin de la terre, pour briller un moment, & s'éclipser pour toujours ; l'autre est un gouffre qui fut ouvert de tout temps, puisqu'il fut le berceau de l'Eternité : c'est là qu'on entend rouler les âges de fer enchaînés l'un à l'autre, & former une espece de torrent qui passe & revient toujours.

Au bruit que la voix de l'Eternel fit entendre, on vit tomber du large nez de ce Vieillard les triples Lunettes dont il étoit chargé : il fer-

me

me ſon livre d'Airain, l'emporte ſur ſon dos, & marche aux pieds de ſon Maître ; & comme il eſt diſpenſé par ſon grand âge de faire la courbeté, il incline ſeulement la tête, ouvre ſon livre, & le préſente au Grand Juge. Ses yeux tombent d'abord ſur le Chapitre de *Tremencleize* ; il lit ſon Hiſtoire, & toutes les fautes dont elle eſt remplie ; il voit que la foibleſſe de ſa Religion, ſurpriſe par la Secte Ignacienne, va l'entraîner dans le piege qu'on lui dreſſe, & porter le déſordre & la ſédition dans le ſein de la pauvre *Gliſée* ; il détermine tout-à-coup une Ambaſſade extraordinaire auprès du Sacré Moufti, jette les yeux ſur Pétriſaint, comme plus capable qu'un autre d'écouter aux portes.

Le vieux Portier du Ciel étoit occupé dans ce moment à dérouiller ſes clefs ſur les genoux d'une triſte Martyre, qu'on dit être vierge dans le pays des Saints, & qui ne l'eſt point ſur la terre, puiſqu'il eſt des Rois qui veulent être ſes fils aînés. Cette vierge, qu'on appelle *Gliſée*, eſt accablée de tant d'infirmités, que le bienheureux Saint Côme épuiſe vainement tous les ſecrets de ſon art, pour prolonger ſon agonie. A peine eſt-il mandé de la part du Grand Maître, que Pétriſaint n'a rien de plus preſſé que de la charger ſur ſon dos, & de courir aux pieds de l'Eternel, pour entendre les ordres dont il doit être le Miniſtre. Deſcendez ſur la terre, lui dit-il, j'ai fait choix de

vous,

vous, pour être le meſſager de mes volontés ;
volez à Rome, ordonnez la ſuppreſſion de certain Bref que notre très-cher & bon-homme
Pepa vient de donner en faveur des Loyoliſtes ; qu'au lieu de condamner la conduite
du Roi Très-Chrétien, il apprenne plutôt à
l'imiter, puiſqu'elle eſt conforme à la mienne : je ne prétends pas que mon Fils ait déformais de compagnie ſur la terre, à moins qu'il
ne veuille la gouverner lui-même. Je vous
donne la qualité de ſimple Envoyé, je ne
veux pas vous charger d'un titre qui coûte trop
à ſoutenir ; cette décoration, toujours inutile
au mérite de la piece, n'eſt que l'embarras de
la ſcene, le fardeau de l'Acteur & la ruine du
repréſenté. Allez étudier, lorgner du matin au
ſoir tous les mouvements de la Cour de Rome ;
& pour que rien ne vous échappe, prenez à
vos gages quelques marchands de lorgnettes &
de microſcopes ; (*) car on ne ſauroit trop
en avoir, ſur-tout dans une Cour qui n'eſt peuplée que de Renards en robe de pourpre.* Partez, & ne revenez pas ſans avoir vu l'exécution
de mes ordres. Mon Miniſtre vous expédiera
vos Lettres de Créance. A ces mots le bienheureux Pétriſaint incline la tête, adore les
ordres de ſon Maître, & fait les apprêts de ſon
voyage. Il embraſſe tendrement ſa chere *Gliſée*,

&

<hr>

& lui dit : il faut nous féparer, tel eft mon devoir ; que mon abfence ne vous afflige point, vous ferez toujours préfente à mon efprit, & mon cœur vous fervira par-tout. Vous le favez, ma barque eft en danger, & je vais la fauver du naufrage, ou noyer le premier des Pilotes. J'ai réfolu d'emporter mes Clefs, par la raifon que depuis près d'un fiecle, elles ne fervent qu'à m'embarraffer ; je n'en fais plus aucun ufage, & ma place ne fera déformais qu'un pofte d'honneur ; vous n'aurez pas befoin de veiller aux barrieres du Ciel, j'y laiffe mon Coq, (*) & je l'ai chargé de répondre pour fon Maître à tous ceux qui frapperont aux Portes pendant mon abfence.

Pétrifaint fut auprès d'Ambroife, nouveau Miniftre des affaires terreftres ; car les poftes qu'on occupe dans le Ciel ont également leurs écueils, & le Grand Maître de l'Olympe a fes Aides de Camp comme les Rois de la terre ; mais depuis qu'il s'eft avifé de vouloir gouverner par autrui, tout va dans le pays des Saints comme par tout ailleurs. Il fe préfente au Saint-Homme

----

(a) *On a mis le Chien de faint Roch dans le Ciel, mais j'affure de bonne foi n'y avoir vu que le Coq de S. Pierre ; & fi jamais quelque animal domeftique fut digne de la Canonifation, il me femble qu'on devoit cet honneur au Chien de Guillaume I., qui le mérita bien mieux que le fidele compagnon de faint Roch.* Refte de l'ex-[illegible]

Homme d'Etat, qui l'interrogea d'abord sur le motif de son voyage qu'il paroissoit ne pas goûter ; car les Ministres du Ciel pensent à peu près comme les autres. Ils ont la rage de contredire en secret les volontés de leur Maître, tandis qu'ils feignent en apparence de les approuver ; mais comme il faut chanter malgré soi quand le Maître bat la mesure, le Comte d'Ambroise lui fit expédier les Lettres de Créance avec un Passeport, où le triple Sceau de l'Olympe étoit attaché. Ce passeport ne ressembloit point à ces Pancartes ordinaires où l'on prie inutilement ceux qui sont à prier de tendre une main bienfaisante à celui qui en est porteur. C'étoit un ordre exprès à tous les élemens d'ouvrir un libre passage au Député du Grand Séraphin, & de ne pas le troubler dans le cours de son voyage. Ce porte-respect en lettre d'or ne fut pas plutôt entre les mains de notre Envoyé, que tous les élemens volerent devant lui pour applanir sa route. Un nuage d'azur, porté par deux Cometes, couvrit tout-à-coup le Comte de Pétrisaint, & l'emporta comme un éclair sur la plus haute des sept montagnes.

CHAPITRE III.

La nuit 27 Avril 1767.

ARRIVÉE DU COMTE DE PÉTRISAINT À ROME.

TAndis que notre Envoyé, tranquillement assis, se délassoit des fatigues de son voyage, & s'applaudissoit en secret de contempler cette superbe Mosquée qui fut autrefois la Souveraine du monde, & dont la puissance s'est éclipsée comme la fumée de l'encensoir qui l'a produite; Il apperçut un vieillard assez bien mis, qui gesticuloit au bas de la montagne : il se leve, il accourt, & se précipite auprès de l'inconnu : Ô, qui que vous soyez, ne me refusez pas la grace que je vous demande, je puis vous rendre de grands services dans l'autre monde. Apparemment, mon cher Monsieur, que vous ne pouvez rien dans celui-ci ; <u>car</u> s'il est vrai que l'on doit peu compter sur les promesses dont on nous berce pendant la vie, comment pourra-t-on acquitter après la mort les dettes d'honneur qu'on a contractées. Mais, avant d'accepter les marques de bonté que je dois recevoir de vous quand je ne serai plus, dites-moi qui vous êtes, & de quel pays vous sortez ? <u>Car</u> si vous n'êtes point un échappé des prisons de

Saint

Saint François, vous en avez bien la mine.
Vous vous trompez, mon ami ; si jai l'air d'un
déserteur, je le suis par congé ; & tel que
vous me voyez, je porte le nom de la fameuse Pierre qui servit autrefois de fondement à
mon Eglise, & je descendois du troisieme
Ciel au moment même où la Providence
a bien voulu vous offrir à mes yeux. Oh ! pour
le coup, Monsieur Saint Pierre, voilà du neuf
en genre comique, l'aventure est tout-à-fait
plaisante, vous avez fait bien du chemin ;
car c'est bien un travail d'Apôtre que de tra-
verser toutes les basses & hautes régions de la
lune, puisque du premier au troisieme Ciel les
voyageurs astronomiques comptent dix-huit
mille six cent quatre-vingt-quatre lieues. Dites
moi quelque chose de ce beau pays ; avez-
vous fait quelque riche collection de Silphes
& de Silphides ? parlez-moi de tout ce qui peut
intéresser la folie & la raison : à vous dire vrai,
je ne sais que penser de votre personnage, vous
êtes le premier Citoyen du Ciel qui s'est avisé
de changer de patrie, & je ne conçois pas
comment on peut quitter une si belle demeure pour une terre maudite, où l'on ne vit
que pour épaissir & corrompre la matiere.*
Vous serez instruit de tout, lui répondit
Pétrisaint ; mais en attendant, je vous dirai
pour nouvelle que Dieu le Pere vient enfin de
délivrer son Fils de la plus mauvaise Compagnie qu'on ait jamais formée. Je l'avois bien

* ubi sempiternus horror inhabitat. Job.

dit

dit que fa façon de vivre ne s'accommoderoit
pas long-temps avec celle des Anges; il faut
pourtant qu'elle ait bien fait du mal, pour que
le meilleur des Peres ait pu donner ce fujet
de mécontentement à fon Fils. Mais comment
accorder la conduite du Grand Séraphin avec
celle de *Mencletreize*, qui vient de marquer du
fceau de la calomnie tous les ennemis de
Loyola*; & comme vous paroiffez être du
nombre, vous êtes fans doute compris dans la
lifte des calomniateurs, & voilà précifément,
repliqua notre Envoyé, le fujet de ma Miffion.
Je viens ordonner à *Mencletreize*, de la part
de mon Maître, de fupprimer fon Bref, & d'en
faire un défavœu public. Mais, de bonne foi,
reprit l'inconnu, plus je vous examine de
près, plus je crois voir en vous le Fondateur
de notre Eglife, vous avez du moins quelques
traits qui reffemblent à l'Image du Prince des
Apôtres; voilà toute l'antiquité de fa figure,
fa demarche, fon menton prolixe & pointu,
fes longues oreilles : mais par quel prodige
auroit-on organifé votre bufte, comment avez-
vous pu raffembler, ranimer tous vos membres;
vos Reliques Sacrées ont-elles quitté l'urne
qui les renfermoit, pour aller réjoindre votre
efprit dans le Ciel? Comment un moitié de
vous-même peut-elle être dans nos Mofquées,
& l'autre dans le pays des Saints, puifque vous
vivez tout entier à mes yeux. Ma foi, je fuis
tenté de croire que la Sainteté des collations
anatomiques

anatomiques qu'on étale fur nos Autels n'eft qu'une vertu de caprice & d'opinion. Mon ami, lui dit Pétrifaint, on donne fouvent à la matiere un tribut de refpect qui n'eft dû qu'à l'efprit; mais puifque vous êtes né dans Rome, voudriez-vous bien m'apprendre quel eft votre état & votre rang? Mon état eft de n'en point avoir, comme la plupart des gens de mon étoffe. Ma naiffance me donne le titre de Marquis. Qu'eft-ce donc que ce titre? il eft nouveau fans doute, car on ne le connoiffoit pas de mon temps. Je le crois, on étoit fi fimple alors qu'on ne rougiffoit pas d'être appellé par fon nom ; mais depuis qu'on s'eft avifé de penfer, ce qui fut autrefois l'affiche de la Nobleffe & des vertus, n'eft plus que l'enfeigne de l'opulence & le panégyrique de l'orgueil. Il eft pourtant bon d'avoir un titre; il fert de lettre de recommandation dans les Cours étrangeres, & fur-tout quand on eft affez riche pour le faire valoir.

Vous jouiffez donc, puifque vous êtes Marquis, d'une grande confidération; feriez-vous, par hazard, l'ami de *Mencletreize*? Le connoiffez-vous?

Non, Monfieur, je connoiffois fon Prédéceffeur; mais j'étois riche alors, brillant & lefte comme l'équipage qui me portoit. Je lui faifois ma petite cour, il étoit homme d'efprit, plein de faillies, d'un abord facile, digne de gouverner Rome & l'Eglife; car il a fait tant de ratures dans le Calendier des Saints, qu'il a mérité d'être canonifé par tous les Philofophes de fon fiecle ; (*) mais depuis que mon état eft changé, grace à l'avidité des mes créanciers, le Vatican ne m'eft plus ouvert, tout jufqu'au Suiffe a perdu le fouvenir de ma figure & de mon nom ; il eft vrai que je n'eus jamais le foin de l'imprimer dans fon efprit ; car ces Automates de bois ne fe fouviennent des gens qu'autant que leur mémoire eft plus ou moins lucrative. Pour vous, Monfeigneur (car ce titre vous eft bien dû, puifqu'on le prodigue à mille petits Pafteurs, qui, maîtres d'un petit troupeau, font affez foibles pour le confier à d'autres petits Sous-Pâtres, au lieu d'apprendre

à

(*) *Jamais Pape ne fit autant d'honneur au S. Siege que Benoît XIV. ; il a fupprimé quantité de Fêtes qui, loin d'honorer la Religion, ne fervent qu'à la profaner, parce que le bien qui réfulte du travail, eft un hommage plus agréable à Dieu, qu'une oifiveté fainte, fi l'on peut appeller de ce nom la mere de tous les vices. A l'égard de la réforme qu'il a faite dans le Calendrier des Saints, on en compte 72 qu'il a marqués d'une jufte dégradation. Il ne fuivit jamais l'exemple de fes Prédéceffeurs, qui n'ont fait des revues dans le Ciel que pour augmenter le nombre des Elus ; au lieu que Benoît XIV. ne vifitoit le pays des Saints que pour le depeupler ; & s'il eût vécu plus long-temps, il eût peut être fait un défert de la Patrie Célefte : c'eft à ce titre qu'il eft regardé comme le Patron des Philofophes.* Quel dénicheur de S. S. étoit le bon abbé Le bœuf, autre bienfaiteur des bollandiftes.

à les garder eux-mêmes) je ne pense pas que votre habit de pêcheur soit bien accueilli. Car enfin la reliure fait tout à la Cour ; & quand on est doré sur tranches, on peut affecter le ton d'un Apôtre, & faire preuve de sa mission. Et pourquoi voulez-vous que l'entrée du Vatican me soit interdite ? Ma Mission n'est elle pas attestée par mes Lettres de Créance ? Le Grand Moufti pourroit-il se dispenser de me reconnoître ?

J'en doute fort, répondit le Marquis ; depuis qu'on s'est avisé de contrefaire son seing, & d'imprimer le Sceau de l'Eternel à tous les Arrêts du Sénat Apostolique, le Chef de l'Eglise éleve sa souveraineté jusqu'au troisieme Ciel. C'est en vain que vous ferez parler la justice de vos droits, vous perdrez votre cause avec dépens, & peut-être unira-t-on contre vous le persifflage à l'injustice ; qui sait même si vous ne serez pas traité d'aventurier & renvoyé comme tel à votre Maître : jettez les yeux sur vous-même, soyez votre propre juge, & voyez si l'on peut vous destiner un autre rôle. Savez-vous que l'Envoyé du Roi des Rois ne peut être reconnu qu'à la grandeur du faste qui l'annonce ? Nous sommes au temps où l'on ne peut monter au Ciel qu'avec des échelles dorées ; & si Jesus lui-même redescendoit sur la terre, iroit-il charger une pauvre ânesse du poids de sa Divinité ? Non, non, l'élégance de sa voiture répondroit à l'immen-

B 2

ſité de celui qui la rempliroit ; on verroit des Porte-Mitres derriere ſon carroſſe prodiguer des ſignes de conſolation à tous les Piétons.* C'eſt dans cet appareil qu'il ſe montreroit à nos yeux ; & vous, qui le venez repréſenter à la Cour des Bramines, de quel front prétendez-vous y paroître ? Prenez-vous le Palais de *Mencletreize* pour une ſalle de comédie, où l'on peut eſcamoter une entrée ? penſez-vous que ſes Gardes reſpecteront votre habit de baleine ?** Craignez plutôt que la modeſtie de votre reliure ne devienne un crime de Leze-Sainteté ? Vous penſez peut-être retrouver ici la ſimplicité, l'ignorance du premier âge Apoſtolique. Ha ! les temps ſont bien changés, & votre barque eſt ſi différente d'elle-même, que vous n'y connoîtrez plus rien : on a chargé le gouvernail de tant d'ornements ſuperflus, qu'on n'oſe plus y porter la main, parce qu'on craint de l'affoiblir davantage, ou de le briſer tout-à-fait ; & ſi jamais le conſtructeur peut mettre le pied dans ſa nacelle, je vous aſſure que vous aurez l'air bien neuf, que vous ſerez trop heureux que le Chef des Pilotes permette à ſes regards de tomber ſur vos guenilles. Il eſt vrai que le Deſpotiſme ſacré, qui s'étendoit autrefois auſſi loin que la crédulité des Peuples, ſe renferme aujourd'hui dans l'enceinte du Conclave, depuis que l'eſprit philoſophique eſt devenu l'interprête de la Religion ; le Vatican n'eſt plus qu'une vieille ma-

* bénédictions —— Jeux brillans de mains pastorales
Parlons avec respect, reprend l'abbé Margon, brev. de la Cal.

** Sur l'accoutrement des cardinaux, voiez Bayle, art. Jules 2.

ſure

fure, & fa Foudre un efpece de tifon qui ne produit que de vaines étincelles. C'eft en vain que le Maître du Capitole veut avoir le don des langues & des miracles, il ne fait que parler Italien, bégayer quelque mot de François, & voilà tout. Il a beau nous montrer les Clefs du Ciel qu'il affure avoir reçues de vos mains, on ne le croit plus fur fa parole ; & j'ai lu quelque part que vous fûtes très-habile dans la pêche, & non dans l'art de limer le fer, & que vous n'avez laiffé d'autre héritage en mourant qu'un aviron bien modeste, & quelques Epitres que l'on a défigurées. *ou Supposées.*

Peut-être ignorez-vous qu'on a fait des volumes immenfes, pour prouver ce que la conduite des Mouftis détruit à tout moment : ils veulent être éclairés de l'Efprit-Saint, tandis que cette Colombe célefte n'eft jamais defcendue qu'une fois pour remonter dans le Ciel. Je dirai même que j'eus toujours de la peine à le croire, & que j'en douterai jufqu'à la fin des fiecles, à moins que la fainteté de votre ferment ne garantiffe le fait : & qui fait fi dans le temps que cet Oifeau divin parut agiter & promener fes aîles de flamme fur vos têtes, vous ne prîtes pas des éclairs, avant-coureurs du tonnerre, pour des rayons émanés du Ciel ? Car enfin la caufe du tonnerre vous étoit inconnue auffi-bien que fes effets ; & fi j'en juge par l'effroi dont vous fûtes faifis, vous étiez incapables du difcernement qu'il

falloit

falloit avoir pour analifer eet efpece de prodige , & diftinguer ce qui n'étoit que l'effet
d'une caufe phyfique , de ce qui pouvoit être
l'ouvrage d'une Puiffance divine. Sur cet article
je ne décide rien ; c'eft à vous de m'en éclair-
cir , fi vous avez affez bonne mémoire pour
me rétracer le grand jour, qui vit métamor-
phofer vos avirons en baguettes , & la matiere
en efprit. Pardonnez cet excès de franchife à
mon âge ; mais je fuis tenté de vous ouvrir
mon cœur avec toute la liberté d'un Philofophe Marquis. Que l'infaillibilité du Sénat Apoftolique foit un article de foi pour le vulgaire
des croyants, l'aveugle eft né pour être la dupe
éternelle des objets qu'on lui peint ; nous
fommes tous enfants de l'erreur , elle eft notre
nourrice , notre régente , & notre compagne
dans tous les états ; & malgré la garde qui
veille à la fûreté du Roi des Bramines , elle
n'approche pas moins de fon Trône & du
Conclave. Et pourquoi jouiroit-il d'un privilege qui n'a pas même honoré la primative
Eglife ? Vous n'eûtes jamais cet honneur, vous
qui fûtes le Compagnon de Jefus , vous qu'il
affocioit aux conquêtes de fa Miffion. Il eft
vrai que les Mouches de Saint Paul vous pi-
quoient de temps en temps , & qu'une Ser-
vante très-jolie changea l'Apôtre en Renégat ;
& puifqu'un petit minois de Cabaret vous fit
tourner la tête , jugez de ce que doivent être
tous ces Divans en chapeau rouge , qui font

* Nous fommes de vieux enfans,   affiégés
Nos erreurs font nos lifieres.
 Volt...

affiégés de mille tendrons de toute efpece : & comment ne pas tâter du fruit défendu, quand il nous eft offert par la main des grâces* ? Et l'on veut que la vérité fainte s'honore d'un fafte qui la profane, & que tout fléchiffe devant un encenfoir / qui n'eft que l'ouvrage de de la fuperftition, l'inftrument de l'impofture, & le fceptre de l'ignorance. Que les Auguftins, les Ambroifes épuifent la négative & la défenfive, pour prêter au bon-homme Pepa le droit d'être infaillible ; tous leurs *ergo* ne fervent qu'à groffir des *in-folio*, qui ne prouvent rien en faveur de qui prouve tout contre lui-même par fa conduite. De l'orgueil de tant de droits imaginaires on a vu naître la fervitude catholique, le trafic des Indulgences, le commerce du falut des ames, l'iconoclaftie & la ruine de votre édifice ; & fi la réforme fut auffi néceffaire au bien de votre maifon, qu'elle paroît l'être à la cuifine de vos Succeffeurs, la faute en eft plutôt aux Chefs qui l'ont gouvernée, qu'au reffentiment du grand Homme qui fut affez éloquent pour élever des Temples fur les débris du Trône Apoftolique.

Ce n'eft pas tout, l'Election des *Sacrés Mouftis* fut toujours l'ouvrage de l'intérêt & de la brigue, & l'on veut que nous adorions la triple Couronne comme un préfent du Ciel, & celui qui doit la porter comme un vafe d'élection façonné par une main divine. Mais

Comment

comment l'Esprit-Saint seroit-il le compagnon de notre Saint Pere le Turc,* & de tous les vices que l'on cultive à sa Cour ? La morale des Apôtres se plie-t-elle à celles des Politiques ? Avant de présider à l'Election de Sa Saintété, on invoque le Saint-Esprit à grand bruit : *Veni, veni*, lui dit-on ; parois, vole, divine Colombe, descends à la voix de l'auguste Assemblée qui t'implore, pénetre-la des rayons que tu fais sortir des tes aîles, embrase nos esprits de ce feu créateur qui les nourrit & les échauffe, mets ta parole dans nos bouches & ta sagesse dans nos cœurs. Oui, nous devons un Chef à l'Eglise, c'est à toi seul de le nommer ; préside à cet auguste choix, inspire-nous dans nos suffrages, & que chacun ne consulte que l'intérêt du Ciel, l'habileté du Pasteur, & le bien du troupeau qui lui doit être confié ? C'est ainsi qu'en apparence le Prêtre s'immole à lui-même, & que l'homme se couvre d'une enveloppe divine : mais que la pureté de ces vœux est bien démentie par l'esprit qui les anime !

Chaque Membre du Collège Sacré veut être le Singe de Jesus ; il paroît être le Disciple & l'Orateur de sa morale, tandis que pour avoir droit de la corrompre impunément, il dévore en secret l'orgueil de la thiare ; &, soit brigue, politique, raison d'intérêt ou de parti, la triple Couronne est la conquête du plus adroit. Le voilà donc, à force d'intrigues, élevé jus- qu'au

* *Voiez sur cette expression triviale le supplé- ment au polissonniana de Publicola-Jumelle Desfontaines, 1725.*

qu'au premier rang des Apôtres : quel eſt ſon
début Apoſtolique? Il commence par jouer des
farces miraculeuſes ; on le voit deſcendre à
des actes d'humilité, qui pour être démentis
en ſecret, n'éblouiſſent pas moins les yeux des
cagots. Quand Jeſus voulut permettre à la
belle Pénitente de baiſer ſes pieds, & de les
arroſer de ſes larmes, il voulut accorder cette
grâce par excès de bonté ; il parut ſi touché
de cet acte d'humilité, qu'il voulut apprendre à
le ſurpaſſer lui-même : il deſcendit aux pieds
de ſes Apôtres, & les couvrit de mille baiſers,
ce qui n'étoit pas un effort ſans mérite ; car à
force de trotter d'un village à l'autre, & de
marcher *in naturalibus*, vous étiez crotté juſqu'au menton. Que cet exemple eſt bien digne
de celui qui l'a donné ! Mais d'où vient qu'il
a tant de Panégyriſtes, & ſi peu d'imitateurs ?
d'où vient que les Peres ſacrés regardent cet
excès d'abaiſſement comme un outrage fait à
la Couronne Apoſtolique, & que la pouſſiere de leurs pantoufles ne peut être recuillie
que par des Princes, des Comtes, des Marquis, ou autres gens qui ſe donnent pour tels ?
C'eſt ainſi qu'en accordant aux petits Princes l'honneur de leur baiſer les pieds, ils
ont l'orgueil de penſer que tout doit plier
devant eux : cette erreur eſt ſi grande, qu'il
eſt telle Ville en Eſpagne, où les Pantoufles
du Pape ſeroient enfermées dans un cadre
doré, pour être l'Idôle des Cafards.* Vous

* Voiez les prônes du facétieux Curé de Meudon, liv. 4. ch. 50. voyez

voyez bien par ce petit détail que les talons
du Saint Pere jouiſſent d'une plus grande
vénération que le Corps de Jeſus. A propos
du baiſement des pieds, permettez-moi de
vous raconter à ce ſujet un fait hiſtorique,
rapporté par certain Auteur Italien, qui fut
autrefois le porteur d'écritoire du Cardinal
François Barberin, & qui ſoutient que ſon
Maître, qui paſſoit pour un Phenomene Virgi-
nal, n'emporta point ſon pucelage dans le Ciel.

Deux Gentilshommes Portugais firent un
voyage à Rome; ils étoient dans cet âge où
le feu des paſſions anime tous les ſens, prête
aux grâces de la jeuneſſe toute la vigueur
qui peut ajouter à leur prix: ils eurent d'abord
la curioſité de voir Sa Hauteſſe Papale; ce que
n'auroit point fait un Anglois, qui préfere les
débris de l'ancienne Rome à tous les prodiges
de Sainteté que la nouvelle nous étale.† Nos
deux voyageurs furent admis aux pieds du
Sacré Moufti, qui fut touché de leur noble
figure; il leur prodigua mille marques de bonté; un d'eux ſe proſternant à ſes pieds, lui demanda la faveur de les baiſer: Non, mes enfants, lui dit-elle, je vous dois un bienfait
plus ſaint & plus précieux; & puiſque vous
me paroiſſez dignes de le recevoir, vous le
goûterez pleinement, Suivez-moi. Le Pape
les introduit dans ſon cabinet; & leur ordonnant à tous deux de ſe proſterner, il laiſſe tomber à leurs yeux la reliure de ſon volume poſté-

† ainſi penſait le fameux Card. Polignac; [illegible] effet, à qui l'on [illegible] mal à propos l'anti-lucrèce. [illegible] le buste de [illegible] du pape S. Grégoire. rieur;

rieur ; c'eſt peu de vous montrer ce que je cache aux Infideles, Sa Sainteté vous permet de baiſer ce qui vous eſt offert, & d'imprimer ſur lui toutes les marques de reſpeĉt qu'un objet ſi palpable doit vous inſpirer. Ce n'eſt pas tout, ſi vos mains ſont accoutumées à careſſer des Anges, c'eſt-à-dire, des corps qui tiennent plus à l'eſprit qu'à la matiere, couvrez de mil-le claques, pieuſement données, ce Volume ſacré, & ſongez que vous gagnerez autant d'Indulgences. Nos deux Calotins, qui cher-choient l'occaſion de fermer le chemin du Purgatoire à tous leurs parents, amis & bien-faiĉteurs, répondirent ſi bien aux vœux de Sa Sainteté, que les Tertuliens & les Auguſtins, grands amateurs de la flagellation, n'eurent jamais autant de plaiſir que Sa Sainteté parut en reſſentir. C'eſt ainſi qu'à force de renchérir ſur les aĉtions de Jeſus, on a tout empoiſonné. Me direz-vous que le Saint Pere ne veut être l'inſtrument de cet aĉte d'humilité que pour le rendre utile au ſalut des ames ? Cela peut être ; il n'appartient qu'à Dieu de juger nos cœurs, & d'en évaluer le prix ; mais de quel œil peut-on voir l'Homme - Dieu chargé d'un arbre funéraire, & triſtement couronné des chardons, tandis que le Saint Pere, qui veut être ſon Succeſſeur, ſe couvre d'une triple Cou-ronne, & ne connoît d'autre fardeau que le poids de ſa Grandeur, & l'embarras du faſte qui l'environne. Comment peut-on voir déchi-

(28)

rer & percer les mains de Jesus, tandis que les doigts du Saint Pere ne connoissent que l'usage des parfums ? L'Homme - Dieu n'eut d'autre breuvage que le fiel; & le vin le plus délicieux coule sans cesse dans des coupes d'or, pour arroser & parfumer le gosier du Prince des Papistes. Le pauvre Jesus ne connoissoit pas l'usage de souliers, il ne portoit que des sabots, quand il couroit la Judée, pour la remplir de la sainteté de sa parole; mais le Dispensateur des Mitres & des Calottes est pieusement voituré par des hommes revêtus de la livrée du Ciel; & comme leurs épaules ressemblent à celles d'Hercule, ils s'applaudissent de la sainteté de leur fardeau, & le promenent dans les rues d'un pas majestueux & cadencé.

Votre sincérité me plaît, lui dit Barjome, (*) autant qu'elle m'afflige, & la douleur de voir Sa Sainteté me fera peut-être verser autant de pleurs que m'en coûta jadis la Passion de Jesus: Mais n'importe, il faut que j'acheve ma Mission, puisqu'elle est commencée ; elle intéresse trop ma gloire, elle importe trop à la paix de l'Eglise, pour ne pas l'acquitter avec tout le zele & la fidélité que je dois à la confiance dont l'Eternel a bien voulu m'honorer : & si je juge de vos sentiments

* Tel que le Lacryma-Christi, le Tokai, les Beaune, l'Aï &c.
De là la pieuse manie des dévots de Portroial à frè des Sabots, &c.

(*) Le Comte de Pétrisaint, ou Barjome. Les Sarcasmes Des Jésuites.

timents par les marques d'humanité que votre zele me prodigue, vous regrettez sans doute ces Siecles Apostoliques qu'on ne verra jamais renaître, quand même un nouveau Jesus redescendroit sur la terre: Mais puisque l'amitié vous parle en faveur d'un inconnu dont vous excitez la reconnoissance, pourriez-vous m'accompagner & m'introduire jusqu'au Palais du Saint-Pere, je suis étranger dans Rome; & comme on doit changer ses coutumes quand on change de Patrie, j'ai besoin d'un ami qui m'instruise de la mode du Pays, & m'apprenne à la copier. Je vous ai déjà dit, lui répondit le Philosophe Marquis, que le Saint Pere est inaccessible à tous ceux qui vous ressemblent; vous êtes vêtu comme un pauvre pêcheur qui vit de son travail, & l'habit que vous portez n'est plus à la mode depuis long-temps : si vous m'en croyez, vous suivrez mon avis : passez-moi le terme; les conseils d'un Philosophe ne sont point indignes d'un Apôtre : ouvrez-moi votre cœur, & croyez que celui qui sait honorer la bonne foi est incapable de la trahir. Avez-vous quelques Lettres de Crédit pour quelques Banquiers de la ville? Qu'entendez-vous, lui dit Barjome, par ces Lettres de Crédit? Quel est l'usage qu'on en fait, & comment les écrit-on? Ce sont des Lettres qui valent bien mieux que vos Epitres, puisqu'elles servent à tout; avec elles on a de l'or, des habits de

tou-

toutes couleurs , & des amis de toute espece.
Et d'où puis-je avoir ces Lettres, reprit Barjome, puisque l'usage n'en est pas connu dans
le Ciel? D'ailleurs, je pourrai bien m'en paffer, puisque ce prétendu crédit n'ajouteroit
point au pouvoir des Lettres de Créance dont
je suis porteur ; & qui peut ignorer dans
Rome que la signature de tous les Rois de
l'Europe ne vaut point une syllabe écrite par
la plume de l'Eternel ? J'avouerai, lui répondit le Marquis, que la plume de l'Eternel est éloquente & persuasive ; mais sa signature n'a pas plus de crédit à la Cour de Rome
que la mienne : d'ailleurs je suis persuadé que
les habitants du Ciel n'ont jamais su con-
vertir en or quelques morceaux de vieux lin-
ge battu ; & les Maltôtiers, qui s'occupent depuis le matin jusqu'au soir à compter , à
peser , à rogner des especes , ne cherchent
point à se faire des Patrons dans le Royaume
des Saints : ils savent que si l'on achete des
amis sur la terre, on peut trafiquer également
de la protection des Anges, par l'entremise
du Saint Pere , qui sensible au bon usage que
l'on fait de ses especes, ouvre toujours la
main pour les sanctifier. Je ne vois pas que
sans Lettres de Crédit vous puissiez obtenir audience , & je ne sais par quel moyen vous
pourrez vous en procurer. Il me vient une
idée dans l'esprit, je ne sais si vous voudrez
bien la goûter. Quand vous prêchiez sur la

* La Gazette ecclésiastique a cependant terre,
rapporté au sujet d'une lettre de change tirée
par Jesus C. sur une devote de la Société
demeurant à Alençon, payable à vue et qu'elle
a eu l'impolitesse de refuser d'acquiter à une
jésuite porteur.

terre, & que vous inftruifiez les Rois & les Bergers, vous aviez, dit-on, la faculté de faire des miracles; fi vous pouviez en faire un en ma faveur, je faurois peut-être applanir les obftacles qui peuvent arrêter les progrès de votre Miffion. Il eft vrai que le miracle que j'exige de vous, tient un peu de la nature des prodiges que l'on prête aux malins efprits; mais ne voyez que le principe & non les effets qu'il va produire. Vous n'ignorez pas que Dieu fe fert de tout pour arriver au but de fes deffeins, & que les refforts les plus indignes de fa puiffance deviennent facrés, quand ils font l'ouvrage de fes mains. Je connois dans Rome une Comteffe qui eft la Maîtreffe du Cardinal ***. elle eft d'un grand appétit, & fi vous pouviez me rendre la vigueur de mes premiers ans, je ferois fûr de lui plaire, & de la fervir comme elle voudroit: cette Comteffe eft encore aimable, elle a du goût pour les plaifirs; & le Cardinal qui lui donne fa Pourpre à careffer, la fert en Abbé parvenu: car on ne reçoit le Chapeau qu'après l'avoir acheté par bien des combats & des fatigues; & la Pourpre n'eft fouvent ici que la récompenfe des exploits amoureux. En forte que le Cardinal ne conferve fes amours qu'*ad honores*; & fi, par un effet de votre vertu, vous pouviez me rendre toutes les grâces de la jeuneffe, car vous devez vous appercevoir que ma figure à l'âge de vingt ans pouvoit ſe promettre une petite fortune auprès des Belles, ſur-tout quand on poſſede tous les talents ſecrets qui peuvent la mettre en crédit; par ce moyen je pourrois obtenir de cette Comteſſe tout ce que je demanderois ; j'aurai ſoin de mettre dans mon marché tout ce qui pourroit tourner à votre avantage : d'ailleurs le Miracle que vous produirez en ma faveur deviendra la preuve de votre Miſſion. A ces mots, Barjome leva les yeux vers le Ciel ; & ſans mettre beaucoup de façon dans cette affaire, il marmota quelques paroles, & le Philoſophe rajeunit à l'inſtant : ſa figure étoit ſi brillante, & la fraîcheur de ſon teint ſi vive, que l'Auteur de ce phénomene paroiſſoit mettre ſon plaiſir à contempler ſon ouvrage. Le Philoſophe ſatisfait & content, s'approche d'une onde claire ; & non moins frappé du prodige, que ravi de la beauté de ſes traits, il les admire, & s'applaudit d'avance des merveilles que ce rajeuniſſement doit opérer : il embraſſe le Saint, & lui dit dans le tranſport de joie dont il étoit pénétré : oui, vous êtes l'Envoyé de l'Eternel, je vous reconnois; & s'il eſt quelqu'un qui ſoit aſſez foible pour en douter, il verra ce que je ſuis capable d'oſer pour la preuve de votre Miſſion ; fut-ce le Saint Pere lui-même, il deviendroit coupable envers moi, & j'irois l'attaquer juſques dans le Vatican. Suivezmoi, lui dit-il alors, allons changer de décoration

tion l'un & l'autre. Le beau **Titon** conduisit **Barjome** chez un de ces Tailleurs, qui très-favants dans l'art d'habiller fans prendre mefure, peuvent compofer d'un coup d'œil une garde-robe mal affortie : c'eft là que notre Pêcheur fut broché, relié tout en neuf. A peine a-t-il endoffé ce nouvel ajuftement, qu'il ne paroît avoir des yeux que pour le contempler ; il affecte ces airs de tête que le Saint le plus adroit ne fut jamais bien attraper ; il paroît être fenfible au plaifir de voir un Apôtre en habit de Petit-Maître. Le Philofophe, qui prenoit à fon tour une nouvelle décoration, paroiffoit très-content du marché : mais comme il ne fuffit pas d'effayer des habits qui femblent avoir été coupés pour la taille de l'acheteur, & qu'il faut payer l'adreffe d'un Tailleur, qui, fans trop de façon, vous couvre d'un habit auffi-tôt fait qu'ordonné, il falloit des efpeces, & l'or n'eft point un meuble Apoftolique : Barjome eût été fort embarraffé dans cette occafion ; mais l'induftrie du beau Titon fut tirer parti d'un effet dont le Saint ne faifoit aucun ufage. Vous nous connoiffez fans doute, Monfieur le Frippier. Je n'ai pas cet honneur, répondit-il. N'importe, vous êtes porteur d'une phyfionomie qui imprime la confiance, & je veux vous en donner une preuve. Voilà deux Clefs de Chambellan que je vous laiffe en dépôt : Monfieur le Comte de Pétrifaint, à qui elles

C

appar-

appartiennent, eſt le Grand-Maître du Palais céleſte; & moi j'ai l'honneur de le ſervir en qualité de Gentilhomme ordinaire. Notre Banquier ne peut nous compter de l'argent que demain; & dès que nous l'aurons reçu, nous reviendrons reprendre le gage que je laiſſe entre vos mains. Le Frippier parut être ſatisfait; il les accompagne juſqu'à la porte, & les comble de mille offres de ſervice.

Notre Vieillard rajeuni, qui ſe promettoit une conquête amoureuſe, conduiſit ſon compagnon d'induſtrie dans l'Egliſe qui porte le nom de ſon ami. Voici votre maiſon, lui dit-il en entrant, la reconnoiſſez-vous? je crois qu'elle vous eſt étrangere, ou je ſuis bien trompé, car on l'a diablement défigurée : elle étoit ſimple dans ſa naiſſance, & bâtie ſur une pierre qui devoit être inébranlable; mais depuis qu'on s'eſt aviſé de vouloir la tailler, de la ciſeler & d'y ſubſtituer le marbre, l'édifice s'eſt ébranlé, & le goût des Architectes s'eſt corrompu; en ſorte que la pierre fondamentale n'exiſte plus, ou du moins paroît être enſevelie ſous les matériaux dont on l'a chargée : & votre édifice a reçu tant de ſecouſſes de la part d'un Apoſtat, que malgré les points d'appui qu'on éleve ſans ceſſe pour le ſoutenir, tout ne ſert qu'à prouver la foibleſſe des Architectes, & la mauvaiſe qualité du terrein. Vous voyez comme les murs ſont plâtrés de copies; on les expoſe à la vénération des

fide-

fideles , tandis que les Originaux fervent d'allumette à la cuifine de Lucifer. Votre maifon, qui ne recevoit jadis dans fon fein que des Chrétiens accoutumés à la nourriture des Anges, ou faits pour la partager , n'eft plus qu'un Théâtre où chacun repréfente des pantomimes ou des farces à la mode : on peut dire que l'afyle des Myfteres facrés eft devenu le Sanctuaire des amours. Voici l'heure où la Comtéfle va fe rendre. A peine eut-il achevé ce difcours, qu'on vit entrer une belle Dame, qui fembloit annoncer que la main de l'aînée des grâces fervoit de miniftre à fes atours. Jamais on ne vit plus d'élégance & de goût dans la parure; l'artifice & la mode avoient tout épuifé pour elle : on vit bientôt après un homme vêtu de pourpre, dont la robe traînante balayoit à grand bruit le parois du Temple. Il entra dans le presbytere , & bientôt la belle Dame fut le joindre : favez-vous ce qu'elle va faire, dit Barjome à fon ami ; elle va chercher cinq abfolutions dont elle a befoin : une pour fon odorat, car elle eft idolâtre des parfums; la feconde pour fes oreilles, car elle a du goût pour la médifance; la troifieme pour fes yeux frippons, qui favent quêter avec adreffe tous les fruits qu'on peut recueillir dans le jardin de Paphos; la quatrieme pour fa bouche , qui fe plaît à mêler fa parole avec celle des Cardinaux. Toutes ces abfolutions font juftes; & le Cardinal ne manquera pas de

les

les lui prodiguer à pleines mains. Mais à peine
les aura-t-elle reçues, qu'en reconnoissance
elle mettra celui qui les donne si gratuite-
ment, dans la nécessité d'en avoir besoin lui-
même. Ils furent se placer tous deux dans un
endroit où la Dame devoit passer ; elle ne
manqua pas de fixer avidement notre beau Titon : elle avoit à sa suite le fidele Jasmin ; un
coup d'œil lui suffisoit pour interprêter les
volontés de sa Maîtresse : il suivit nos deux
aventuriers qui furent à l'Hôtel de Notre-Da-
me de Padoue. Notre vieux Marquis en habit
de Printemps, ne manque pas de dire à l'Hôte,
que si quelqu'un venoit demander après deux
Etrangers, il auroit soin de dire que c'étoient
des Gentilshommes François : ce qui fut dit
effectivement. Mais à peine fut-il rendu auprès
de sa Maîtresse, qu'une lettre déjà préparée
lui fut confiée pour remettre au plus jeune
des deux Etrangers. Il vole, présente la lettre :
on l'ouvre, & le beau Titon dit à Jasmin qu'il
auroit l'honneur d'en porter la réponse : voici
comme elle étoit conçue.

A peine eut-on fait la lecture de cette lettre,

que

que le beau Marquis quitta son ami, pour entrer dans une carriere brillante, en lui promettant de le réjoindre au plutôt. Arrivé chez la Comtesse, il en reçut toutes les marques de tendresse qu'il en attendoit; la conversation tomba sur l'entrevue du Cardinal. La Comtesse lui dit que lorsqu'on est auprès de ce qu'on aime, on ne doit jamais s'occuper des absents; dites-moi quel est votre nom, vos qualités. Je ne puis vous rien dire, Madame, qu'après que j'aurai reçu de vous quelques preuves de vos bontés ; c'en est une bien chere pour moi que la lettre dont vous m'avez honoré, & la douceur de l'accueil que vous voulez bien me prodiguer. Mais l'importance de mes affaires exige de moi que vous ne sachiez mon secret que lorsque vous m'aurez fait part du vôtre. Hé! pouvez-vous ignorer ce que mon cœur a de plus caché, puisqu'il est à vous? Mais craignez d'en abuser; si jamais votre bonheur faisoit le poison de ma vie, si vous en perdiez la récompense par un mot indiscret : songez que la vengeance n'échapperoit point à mon cœur. Non, Madame, ne craignez rien de mon amour, il ne peut être digne de reproche, puisqu'il est éclairé par vos yeux. La conquête de votre cœur m'est trop chere; & j'en connois trop le prix, pour ne pas mettre tout mon bonheur à la mériter : je ne peindrai point les combats de ces deux Amants; je n'ai que l'art d'en livrer, & non

celui

celui de les décrire. Il fuffit d'apprendre au Lecteur que la Comteffe ne tarda pas à reconnoître que la gaîne du Marquis valoit mieux que la lame du Cardinal. qui malgré tous les foins qu'il prenoit à la dérouiller, n'en étoit pas moins ufée. Jamais elle n'avoit été fi fortement aimée, & jamais on ne mit tant de raffinement & de chaleur dans le goût des plaifirs : l'on voyoit le courage de cette Amazone de Cythere s'éteindre & fe ranimer au même inftant, pour être au-deffus des affauts qu'elle étoit digne de foutenir. Enfin elle demanda grâce, & ne l'obtint qu'à l'agonie de fes defirs. Après ce petit effai d'amour, elle embraffa fon ami : que puis-je vous accorder, lui dit-elle ? ne me cachez rien de tout ce qui peut intéreffer votre fortune, parce que la mienne en dépend. A ces mots, le beau Titon commença le récit de fes aventures. Hier, en me promenant aux pieds du Capitole, je fus abordé par un Vieillard que je prenois pour un de ces malheureux qui livrent le plus honnête homme à tous les foupçons dont on outrage l'indigence & la vertu : dans celui-ci j'offenfois ce que Rome a de plus augufte & de plus facré dans fes murs ; ce malheureux, dont l'afpect me fit reculer, étoit Saint Pierre : il fe jette dans mes bras, la converfation nous lie, il me féduit & m'attache. Enfin il m'ouvre fon cœur, & me dit qu'il venoit du Ciel, & qu'il étoit envoyé de la

part

part de l'Eternel, pour traiter une affaire importante avec le Saint Pere. A ces mots, la Comtesse, qui avoit reçu du Cardinal quelques leçons puisées dans l'Aretin, regarda son ami comme un être visionnaire, & parut avoir quelque repentir des faveurs qu'elle venoit de lui prodiguer, soit qu'elle craignît l'imprudence d'un homme dont le timbre paroissoit être dérangé, soit qu'elle ne crût point aux envoyés du Ciel, qui loin de descendre sur la terre, ne daignent pas même abaisser leurs regards jusqu'à nous. Elle le traita d'insensé, lui prodigua tous les épithetes qui se présentoient à son esprit : vous pouvez, lui dit-elle, m'accabler, me disputer l'usage d'une raison qui m'éclaire, & qui ne sauroit me quitter que pour faire place à l'amour ; mais qui ne voit rien en aveugle, ne juge point en imbécille. C'est peu d'avoir vu les Lettres de Créance dont il est porteur, scellées du sceau même de la Divinité : Pour justifier la vérité de sa mission, je l'ai prié de me rajeunir ; car, tel que vous me voyez, j'ai quatre-vingt-quatre ans bien comptés : mais, grace à la vertu du Saint, il m'a déchargé du poids de la vieillesse, pour me rendre la vigueur de mes beaux jours. Ne croyez pas qu'un verre d'eau de la fontaine de Jouvence ait opéré ce grand miracle ; vous pouvez vous détromper par vous-même, & juger, par ma façon d'aimer, que la vertu du Saint y

C 4

doit

doit entrer pour quelque chofe. Mais comment, lui répondit la Comteffe, me perfuaderez-vous que ce Héros Apoftolique fe prête à vos plaifirs ; n'eft-ce pas plutôt un Envoyé de Lucifer, qui vous trompe fous la figure d'un habitant du Ciel, & je crains que cet Efprit malin ne vous poffede tout entier? Ah! malheureux que vous êtes! s'il étoit dans votre corps, peut-être que par infufion vous l'auriez fait paffer dans le mien ; car jamais on ne fut poffédé comme vous l'êtes de la rage d'aimer. Et qu'importe, Madame, à quel Saint je dois déformais vouer ma reconnoiffance ; qu'importe qu'il foit né des Enfers ou defcendu du Ciel? Je reffens tous fes bienfaits, & j'ai le pouvoir de vous les faire fentir. Au refte, je veux pouffer l'aventure à bout ; & fallût-il manquer au refpect qu'on lui doit, je veux percer le mafque dont il eft couvert : il me feroit très-facile de pénétrer le myftere de cette ambaffade ; fi vous vouliez bien me procurer vingt mille écus romains dont j'ai befoin, je vous prouverai que je ne fuis pas dupe d'un Apôtre ; & comme il eft des Saints de toute efpece, il en eft qui ne viennent fur la terre que pour s'amufer de nos plaifirs & fur-tout pour mettre le feu dans certains endroits qu'on ne nomme pas. Ce n'eft pas tout, je fuis fi rempli de vos tendres bienfaits, que je ne crains pas d'épuifer la fource de vos bontés, & je me flatte que vous daignerez

join-

joindre à cet excès de générofité la grâce de vouloir bien parler à Son Eminence de l'arrivée du Saint Pierre, & de la miffion qu'il doit remplir auprès du Grand-Vifir. *ou vizir-azem.*

Vous pouvez difpofer de ma fortune, elle eft toute entiere à vous, puifqu'elle eft foumife à mon cœur. Si la douceur de faire du bien ajoute à l'ivreffe du fentiment, fi ce plaifir eft le feul incorruptible, fongez que je ne veux pas l'acheter aux dépens de l'amour, mais plutôt l'épurer dans vos bras, & le favourer tout entier. Quant à la commiffion dont vous voulez que je m'acquitte auprès de Son Eminence, permettez-moi de la refufer; je ne faurois me charger d'un rôle qui me livreroit aux fifflets : je connois le Cardinal, il a le talent de perfiffler tout ; & de quelque façon qu'on ajufte & qu'on habille les Saints, ils ne font jamais vêtus à fa mode; & quand on attaque une reliure en maroquin, rarement fait-on grâce à l'auteur. D'ailleurs le Suiffe de la porte du Ciel n'a plus fon entrée dans le Vatican ; c'eft un vieux Saint qui dort tranquillement dans fa niche ; & fi l'on refpecte fon fommeil, c'eft qu'on le croit néceffaire au bien de l'Eglife, & fur-tout au repos de Sa Saintété. Quand nous fommes laffés de parler de modes & d'atours avec le Cardinal, nous égayons nos entretiens par des matieres Théologiques.† Je lui fais mille queftions; il répond à toutes, & n'en

† Il femme bien égaier un peu... Le Jéfuite Griffet dans la Gazette eccléfiaftique de 1754. p. 48.

réfout aucune. Je lui demandois l'autre jour ce qu'il penfoit de la Foi Catholique? il me répondit que la Religion reffembloit beaucoup au cocuage; & je trouve en effet beaucoup de jufteffe & de fens dans cette comparaifon, parce que le Peuple, nourri de préjugés, fe fait un revenu du Sacrement, & ne rougit pas de vivre de la Couronne *d'Actbéon.* Les gens de négoce, & tous ceux qu'on appelle Bourgeois, porteurs de toute efpece de métiers, font affez imbécilles pour avoir autant de crainte de l'Evangile que du bois de Cerf. Les Grands, toujours au-deffus de l'opinion, favent braver l'un & l'autre. Quant au miracle qui vous a rendu la jeuneffe, Son Eminence n'y croira point, puifqu'il prétend que l'art de faire des Miracles n'eft point un don, mais bien plutôt une vertu phyfique & morale, qui doit moins au jeu de l'Ouvrier qu'aux décorations de la machine. Il eft des fecrets dans la nature qui tiennent du prodige aux yeux des fots, & deviennent bien fimples, quand on les dépouille de tout l'appareil qui les cache; delà vient que tous les faifeurs de Miracles commencent par de petits tours d'adreffe, & finiffent par des chofes qui étonnent l'imbécillité du vulgaire. Les Succeffeurs de Saint Pierre ont oublié depuis long-temps qu'ils occupent la place d'un Apôtre; & l'on feroit très-mal venu de leur parler de ce qu'ils veulent ignorer : & comment peut-

on

on allier le befoin du favoir avec l'effufion de toutes les grâces de l'Efprit-Saint ? D'où vient que Saint Paul, au milieu des infpirations divines, & ravi dans le troifieme Ciel, demandoit des livres à Timothée ? Si les Apôtres ont été réellement infpirés, pourquoi trouve-t-on des contradictions dans leurs écrits ? s'il eft vrai qu'ils ont été remplis de l'Efprit-Saint, pourquoi ne parlent-ils que le langage qui nous eft commun ? s'il eft poffible que trois Intelligences, tantôt unies, tantôt divifées, ne compofent qu'une feule & même effence, pourquoi l'une permet-elle ce que l'autre défend ? Quoi de plus coupable envers l'Efprit-Saint, que de douter un moment de l'infinité de fes attributs ! Cependant il ne peut être Dieu lui-même qu'autant qu'il nous fait aimer en lui ce que nous chériffons dans la Perfonne du Fils. On lit au Chapitre 12. de Saint Mathieu, que le péché contre le Saint-Efprit ne fera point pardonné. Jefus a dit lui-même que le blafphême contre la troifieme Perfonne ne recevra jamais de pardon ; & felon la parole de cet Homme-Dieu, quel effort de clémence n'en doit-on pas attendre, puifqu'il promet de faire grâce à tous ceux qui blafphêment fon propre nom ? Que conclure de cette contradiction ? ne doit-on pas fuppofer que la juftice du Saint-Efprit n'eft point celle de Dieu, puifque l'un fe plaît à pardonner, & que l'autre veut être inexorable ? L'Unité fainte eft donc rompue, puifque

c'eft

c'eſt l'uniformité d'intelligence qui la compo-
ſe & la conſtitue. Mais laiſſons tous ces dé-
tails, qui ne ſont pas faits pour nos plaiſirs ;
reſtons ſur les bords de l'abyme, aſſez d'autres
ſans nous auront la témérité d'y deſcendre,
& de s'y perdre comme la foible raiſon qui
les guide. Je parlerai à Son Eminence de votre
affaire au riſque d'être ſa fable & ſa riſée,
mais à condition que vous ferez ſerment de
me donner tous les moments que vous n'em-
ployerez point à vos affaires. Adieu, je vois
qu'il eſt temps de nous ſéparer ; ſongez que
tous les moments que vous paſſerez loin de
moi ſont autant de larcins que vous ferez à
l'amour.

A peine le beau Titon ſe fut-il arraché des
bras de la Comteſſe, qu'il revola dans le ſein
de ſon ami. Quelle différence, d'être réchauf-
fé par l'haleine de ſa Maîtreſſe, ou glacé par
le froid d'un habitant du Ciel ! Il eſt vrai que
Barjome eſt devenu, par habitude, le plus
aimable de tous les Saints ; à force de voir
aſſiéger les portes du Ciel par des Sultanes &
des Vierges, il eſt devenu complaiſant &
d'un abord très-facile. On dit même qu'il eût
été privé de ſon emploi ſans la protection de
Jeſus, le jour que cédant à l'importunité des
ſes prieres, il s'aviſa d'ouvrir les portes du
Ciel à la niece de certain Cardinal, que ſon
Oncle fit élever au nombre des vierges, en re-
connoiſſance de certains petits ſacrifices qu'elle
lui

lui faiſoit. Elle vécutdans toutes les regles du Célibat; mais comme la chair ne perdit jamais ſes droits, & qu'un arbre, quel qu'il ſoit, doit être coupé quand il ne porte pas de fruits, elle ſut mettre à profit le précepte divin, & ſanctifier le Célibat aux yeux du public, aux dépens de la parenté proſtituée. Le Pape, qui ne lut jamais dans les cœurs, & qui pour être à la place de Saint Pierre n'en eſt pas meilleur Phyſionomiſte, fut la dupe de ſon zele pour la propagation de l'eſpece virginale, & fit les fraix d'une béatification, pour ſe faire une amie dans le Ciel. Mais l'Eternel, qui n'a pas beſoin des lunettes dont on charge le nez du Saint-Pere, éclairoit du haut du Ciel la conduite de la Vierge prétendue ; il la voyoit, & l'attendoit aux portes du Ciel, pour nous apprendre que les Arrêts du Sénat Apoſtolique ne ſont pas ſans appel, & que ſouvent on efface dans le pays des Saints ce qui porte l'empreinte d'un Siege qui damne & ſauve à tout prix. Notre jeune & vieux Marquis ne manqua pas de raconter ſon bonheur à ſon ami ; il ſavoit qu'on eſt aſſez diſcret dans le Ciel, & que le ſilence eſt la premiere vertu des Saints. Dans le moment il fut queſtion de préparer un équipage & de compoſer une Livrée Apoſtolique : on donne des ordres, & tout fut exécuté. Le beau Titon dit à ſon ami que la Comteſſe devoit le protéger auprès de Son Eminence, &

bien-

bientôt il le conduisit aux Portes du Vatican dans la voiture la plus élégante qu'on ait jamais façonnée. Ils arrivent : on les annonce au Cardinal sous le nom du Comte de Pétrisaint & du Marquis de Jouvenceau. Son Eminence les accueillit avec cette fierté qui tient de l'orgueil, & qui n'est pas moins le fardeau de ceux qu'elle opprime, que l'embarras de l'oppresseur. Le Comte dit à Son Eminence qu'il étoit chargé d'une commission très-importante à la Cour de Rome, & qu'il étoit mandé par le Grand-Maître, pour traiter avec Sa Sainteté des affaires de Saint Ignace. Le Cardinal lui répondit : si vous n'avez d'autre titre pour être reçu du Saint Pere, vous pouvez renoncer à l'honneur de voir Sa Sainteté ; &, selon moi, ce n'est pas assez de vous priver de cet avantage, vous méritez de subir le sort qu'on destine à tous les Comtes aventuriers qui vous ressemblent. Nous en voyons à Rome de toute espece, & depuis long-temps nous sommes instruits à persiffler ces Acteurs à la mode : nous en connoissons le jeu, les intrigues, & nous cessons d'en être les spectateurs. Vous commencez votre début sur le Théâtre de Paris, & souvent, avant la fin du premier acte, on vous oblige de quitter la scene : vous passez à Londres, vous y jouez quelques drames d'une espece assez neuve, & vous avez soin d'en imprimer le souvenir dans l'esprit des Auditeurs ; mais bientôt une nouvelle éclipse vous em-

emporte sur un nouveau Théâtre : vous courez d'une Capitale à l'autre, & vous arrivez à Turin où la Cour est régalée de deux ou trois Scenes de votre façon ; delà vous portez votre élégance jusqu'à Rome, & vous nous préparez un dénouement, qui laisse l'allarme & le désespoir chez tous les Usuriers. Voilà, Messieurs, l'historique Tableau des vos courses; je ne sais si vous vous reconnoissez à ses traits. Quoi qu'il en soit, & sans crainte d'être accusé d'impolitesse, le plutôt que vous me soulagerez du fardeau de votre présence, sera le mieux ; & je vous conseille non-seulement de ne plus reparoître devant moi, mais de vous épargner la honte qui vous attend, si le lever du soleil vous retrouve demain dans l'enceinte de la Ville. Arrêtez, Monsieur le Cardinal, lui dit alors le Comte de Pétrisaint; vous me traitez en Maître, & peût-être seriez-vous à peine mon Disciple ; apprenez à me connoître avant de me juger, & sachez qu'une cervelle imprudente déshonore le chapeau qui la couvre. Je suis Saint Pierre, & je n'ajoute un nouveau titre à la simplicité de mon nom que pour me conformer à des usages qui font le supplice de la sagesse, & le fardeau de la vérité ; si vous ne m'en croyez point sur ma parole, lisez mes Lettres de Créance, & traitez-moi d'imposteur après si vous osez : voyez si je dois être exercisé comme un envoyé de Lucifer, ou fêté comme

un

un Saint à qui vous devez tout jufqu'à la pourpre dont vous êtes revêtu. Reconnoiffez-vous le feing de l'Eternel ? aurez - vous affez de prévention pour en douter, & joindre à tous les affronts dont vous m'accablez celui de m'accufer d'impofture.Vous avez fi fauffe-ment altéré la Lettre Sacrée, qu'elle devient étrangere à tous les yeux : votre état étoit de la conferver comme un dépôt facré, de la refpecter, & non de porter votre orgueil jufqu'à vouloir l'éclairer. Mais n'importe, fouvenez - vous que celui qui fut autrefois étonner les faux Sages des fes prodiges, peut à l'inftant même vous jetter dans la confter-nation, & que fi mes raifons ne peuvent prouver ma miffion, votre anéantiffement pourroit devenir à l'inftant même une preuve de fa force. Si Votre Eminence ne m'affure de fa protection auprès du Saint Pere, elle recon-noîtra ce que je puis à la plus terrible Méta-morphofe qu'on ait jamais éprouvée. Craignez de voir tomber ce chapeau rouge dont votre tête eft parée; craignez de voir cette pourpre fuperbe livrée à des mains invifibles, qui s'apprêtent à la déchirer. Je puis vous condamner d'un mot à porter à jamais l'habit d'un Cordelier; oui, vous traînerez le froc d'un village à l'autre, & je veux qu'au moment même le cordon de Saint François ferve d'ornement à votre ceinture. A peine eut-il prononcé ces paroles, qu'on vit defcendre du Ciel le manteau rapetaffé,

qui

qui couvroit autrefois l'inventeur des capuchons ; cet habit voltigea quelque temps sur la
tête du Cardinal, il en fut si frappé qu'il tomba
tout-à-coup aux genoux de l'Apôtre, & lui
demanda grâce, en lui disant d'une voix
tremblante : oui, je vous reconnois, vous
êtes vraiment le Portier du Ciel, l'Envoyé
de l'Eternel, le Héros de l'Apostolat, ou
plutôt quelque Antipapiste échappé des griffes
de Lucifer, que voulez-vous de moi ? parlez,
ordonnez, je suis prêt à tout faire ; mais au
nom de cette Eglise dont vous êtes le Chef
& le Pere, & que j'ai l'honneur de servir en
qualité de Prince & de Soldat Apostolique,
sauvez-moi de la pesanteur du froc, & ne me
chargez pas d'une vile Besace que je n'aurai pas la force de soutenir : fussiez-vous quelque Démon, ou quelque esprit animé par le
souffle de Belzebuth, je m'abandonne à vous,
je fais serment d'être utile à vos plaisirs & de
vous servir en toute occasion, pourvu que vous
écartiez de mes yeux cette Robe Monacale,
dont le seul aspect me glace d'horreur. Eh
bien, lui répondit le Comte, rassurez-vous,
elle disparoîtra ; si j'en juge par la frayeur
dont vous êtes saisi, vous me reconnoissez
sans doute, & j'ai lieu d'espérer que vous
protégerez ma Mission auprès du Saint Pere ;
& s'il est assez foible pour en douter, peignez-
lui ce que vous venez de voir : qu'il me juge
sur la vérité de votre récit, & non sur moi-

D

même.

même. Oui , je jure d'employer auprès du Saint Pere toute la force des mes discours pour le persuader en votre faveur ; & si demain vous voulez bien vous rendre aux galeries du Vatican sur les dix heures du matin, pour être au petit lever de Sa Sainteté, je ne manquerai pas de vous annoncer, & de lui dire que je vous ai reconnu pour le Chambellan & l'Envoyé de l'Eternel ; mais jurez-moi par le Saint Evangile que la Métamorphose n'aura pas lieu. A ces mots, nos deux amis se séparent du Cardinal, qui fut très-aise d'en être quitte à si bon marché ; car il craignoit avec raison que sa triste Eminence ne fût encloîtrée. Le Marquis de Jouvenceau, qui vouloit promener son ami dans tous les coins & recoins de la Ville, le conduisit à la Montagne de la Trinité ; c'est là que des Reclus de toute espece annoncent autant de Religions qu'ils ont de couleurs différentes : chaque Cloître est un nouveau pays où l'on suit un autre usage. Ici l'on ne voit que des habits blancs, ailleurs on doit être vêtu de noir : ici l'on doit jeûner sans cesse, ailleurs on doit mourir d'indigestion pour le salut de son ame. Vous voyez, disoit-il à son ami, le peu d'uniformité qui regle la Religion ; à force de vouloir la décorer, on la déguise en tant de manieres qu'on ne la reconnoît plus : & que font, disoit le Comte de Pétrisaint , tant de Peuples cloîtrés , quel est

l'eml'emploi qu'ils exercent ? Voulez-vous que j'interroge cet homme vêtu de blanc, qui se promene dans le jardin : à quoi penſez-vous, mon ami, lui dit-il en l'abordant ? Je rêve au peu d'eſprit de notre Fondateur, qui, pour vivre dans le Catalogue des Saints, a voulu groſſir la liſté des damnés : & qu'avons-nous beſoin d'une exiſtence qui devient inutile à nous-mêmes, & ſur-tout au reſte des hommes ? Car enfin l'homme finit où commence le célibataire ; & lorſque nous commençons à vivre, nous ſommes forcés de faire des vœux pour ceſſer d'exiſter ; & malgré la revolte de la chair contre l'eſprit, il faut immoler l'un à l'autre, & devenir / à la fois / le ſacrificateur & la victime. Ne croyez pas que la Religion rempliſſe les Cloîtres de tant de Citoyens inutiles ; c'eſt la molleſſe & l'oiſiveté qui lient tant de reclus d'une ceinture de corde, & l'on peut dire que les aſyles qu'on croit élever pour la piété, ſont le berceau, l'école de tous les vices. Eſt-il rien de plus tyrannique que d'obliger un enfant à promettre à Dieu ce qu'il eſt incapable de tenir ? Les loix nous aſſerviſſent à la tutelle juſqu'à l'âge de vingt-cinq ans. Tout acte obligatoire, qui n'a pas l'aveu de mon Curateur, emporte nullité ; & quand il s'agit de prononcer des vœux que je ne pourrai jamais accomplir, il faut que je ſtipule contre mes ſens & mes paſſions, ſans avoir droit de les conſulter ; & comme elles

D 2

ſont

font plus tardives chez les uns que chez les autres, il eft poffible qu'à l'âge de feize ans la nature foit muette encore, ou ne parle qu'à demi. Or, je demande fi la puiffance Eccléfiaftique doit s'étendre plus loin que la force des Loix civiles & naturelles, & fi la Religion peut être honorée par des facrifices qui coûtent tant de pleurs à l'humanité. Vous avez raifon, lui dit le Comte de Pétrifaint; je prends part à toutes les peines qui vous affligent, & je voudrois bien pouvoir vous dégager des vos chaînes. Autrefois je pouvois rompre les fers des Captifs; mais le droit de délier les plus petits cordons n'eft plus à mon pouvoir, depuis qu'il a paffé dans des mains qui l'ont ufurpé, & qui prétendent le tenir de moi-même; & je vous jure de bonne foi, qu'on ne peut difpofer de ce qu'on n'a pas, & que je ne connois rien à tout cela. Tâchez de vivre heureux dans votre état; tout n'eft qu'un mêlange de peines & de plaifirs; vous avez quelques beaux jours comme par tout ailleurs: s'ils font troublés par des orages paffagers, il faut s'en confoler. A Dieu, je fouhaite que vous goûtiez dans cette prifon toutes les douceurs de la liberté fans la connoître, & fans la defirer. A peine furent-ils fortis de cette Maifon cloîtrée, que le Marquis de Jouvenceau fit paffer fon ami dans la rue de *Popolo*, qui, par les frippieres d'amour dont elle eft remplie, attire l'attention de

tous

tous les Etrangers qui veulent faire emplette de pareille marchandife. Toutes ces
maifons que vous voyez, difoit-il à Pétrifaint, font habitées par de jeunes Princeffes,
dont les plaifirs font les revenus de Sa Sainteté. C'eft ici qu'on peut acheter en tous
temps des difpenfes de pudeur; elles coûtent
très-peu, quand on fait tirer parti de tout.
C'eft ici que Vénus a des Cloîtres, que l'on
appelle vulgairement des Couvents, ou des
Abbayes, pour que, fous le voile de l'auf-
térité fainte, la volupté même y trouve un afyle
refpectable. La plupart de ces prifons font
gouvernées par une Abbeffe; les Sœurs Pro-
feffes font obligées de faire fix vœux : le premier les engage à payer à Sa Sainteté le
dixieme du produit de leurs petits jardins; le
fecond à les cultiver le mieux qu'il eft poffible, pour en augmenter le produit; le troifieme permet une libre entrée à tous les Cardinaux, Prélats, Chanoines, & autres Apprentifs Eglifiers, ou Balayeurs d'Eglife. Il eft
ordonné par le quatrieme à chaque Sœur Pro-
feffe d'accepter toute propofition de non con-
formité, pourvu qu'il en revienne du profit à
l'Eglife; le cinquieme leur ordonne de faire
preuve de fix campagnes dans la Suede, pour
obtenir une libre entrée à l'Hôtel des Invalides
de Cythere; par le fixieme & le dernier vœu,
toute Nonnain qui ceffe d'être utile à la population du Royaume célefte, doit exercer, le refte

de

(54)

de fa vie, l'emploi de flagellatrice, très-néceffaire dans Rome, & fur-tout aux vieux Membres du College Apoftolique, puifque la circulation de leur fang ne peut être ranimée que par des coups de difcipline charitablement donnés & reçus. Quant à la Regle qu'on obferve dans ces Cloîtres voluptueux, on peut prolonger les jours & les nuits, pourvu que ce foit en tout bien & en tout honneur; c'eft-à-dire, qu'il eft permis de tout faire, à condition qu'on ne perdra pas une heure fans faire le profit de l'Abbeffe ou de Sa Sainteté. Le feul vice qu'on y punit, avec raifon, c'eft une oifive indifférence. Ce vol que l'on fait au bien public & que l'on permet dans les Etats les mieux policés, eft un crime qu'on ne pardonne pas dans ces Cloîtres : je vous avoue que le bon ordre qui regne dans ces Maifons mérite l'attention du Sage ; & fi vous me croyez, vous aurez le plaifir d'en juger par vos yeux. Il eft certaines débauches de curiofité qui n'effacent pour un moment les rides de la fageffe que pour les imprimer davantage. Quelque contagieux que foit un pays, on y découvre fouvent des chofes qu'on eft bien-aife de favoir & de raconter.

Pétrifaint gagné par fon ami, parut céder à la tentation ; il fut entraîné dans un de ces Couvents : on les préfenta d'abord à l'Abbeffe, qui ne manqua pas de leur prodiguer ce doux accueil, d'autant plus flatteur & plus

cher

cher à celui qui le reçoit, qu'il eſt toujours fait avec autant d'art que de plaiſir. Cette Régente, qu'on appelloit *Roſaria*, paroiſſoit avoir vieilli dans le grand art d'avoir toujours du neuf au ſervice de ſes protégés, & de prêter aux plaiſirs tous les apprêts dont ils ſont ſuſceptibles† : elle les prit par la main & les conduiſit dans une galerie ornée de mille tableaux, qui n'étoient que les copies de tous les originaux qu'elle gardoit précieuſement dans les Cellules du Cloître. Pétriſaint jetta d'abord les yeux ſur le portrait d'une belle Recluë, qui reſſembloit beaucoup à celui d'une certaine Véronique, qui gémit depuis long-temps aux portes du Ciel, & qui, au rapport de Pétriſaint, faiſoit très-bon marché de ſon honneur, s'il eût été tenté de l'acheter par un tour de clef. Le Comte étoit ravi de ſe trouver en pays de connoiſſance, & fut tenté de voir cette Profeſſe de Vénus, qui reſſembloit à la Patronne des Serruriers. Barjome s'imagina d'abord que, laſſe de frapper aux portes du Ciel, elle en étoit deſcendue, pour aller dans quelque Cloître amoureux lever des contributions au profit de Sa Sainteté, & trouver ainſi l'occaſion d'excroquer ſon entrée dans le Paradis. Pétriſaint fut introduit dans ſon appartement ; il embraſſa l'image de Véronique, & lui dit : ſi vous n'êtes point une vierge, vous en avez toutes les graces, car vous poſſédez les beaux yeux & le tendre ſourire

D 4

d'une

† comme les lits inventés par la Deſſéchumes, la Gourdan, l'archevêque de Cambrai (Choiſeul), la Duc de Gèvres &c.

d'une pucelle dans toutes les regles du Canon.
Votre déshabillé de toile, chiffonné comme
un habit de combat, imite la blancheur de
votre teint; je ferois bien heureux si je ren-
controis ici certaine pucelle que j'ai cru laiſſer
aux portes du Ciel. Vous vous trompez, Monſeigneur, lui dit-elle; ſi j'ai l'honneur de porter la figure de Sainte Véronique, je ne me
flatte pas d'être auſſi neuve qu'elle doit l'être.
Nous avons pourtant quelque choſe de commun entre nous deux, c'eſt qu'elle eſt peut-
être dans le pays des Saints la martyre des
ennuis, & que je ſuis dans cette bienheureuſe
Maiſon la victime des plaiſirs. Pourquoi vous
plaindre de votre ſort, lui répondit le Comte?
eſt-il un meilleur état que de devoir ſa ſubſiſtance à ſes plaiſirs, & de trouver dans les
faveurs de l'amour mille moyens de ſatisfaire
à ſes beſoins? Ah, Monſeigneur! que vous
connoiſſez bien peu les dégoûts de ma pro-
feſſion, puiſque vous en faites l'éloge! Eſt-il
rien de plus affreux que d'être condamnée par
état à ranimer l'appétit de tant d'Egliſiers,
qui n'ont plus la force de digérer. J'avoue que
cette charge eſt bien pénible, & que je ſuis
plus martyre dans mon état que toutes ces
vierges qu'une oiſiveté ſainte a placées dans
le Ciel; mais j'eſpere qu'on nous tiendra
compte dans l'autre monde des fatigues que
je ſupporte dans celui-ci : & ſi jamais la Maiſon de Lucifer m'étoit ouverte, j'oſe dire

que

que je n'aurois rien de plus à souffrir, puisque je ne ferois que changer de garnison ; car
on ne sauroit être plus tourmentée que je le
suis par des petits Coureurs de bénéfices, qui me
promenent nuit & jour dans tous les recoins
de l'Académie des Dames. On diroit qu'il est
une école dans Rome où l'on étudie tous les
secrets antiphysiques. Tantôt je fais l'office de
Prêtresse ; tantôt misérable victime, on me
condamne à parer l'Autel qui doit être mis à
l'envers. Ce n'est pas tout ; j'aurois moins à
gémir de mon sort, si je gagnois au moins de
quoi m'acheter une aune d'entoilage ; mais je
ne touche point au fruit de mon travail, il
doit être sacré pour moi, puisqu'il est le patrimoine du Saint Pere. Je suis mille fois plus
à plaindre dans mon état que le pauvre Vi-
gneron. La semaine est, dit-on, composée de
sept jours, il est obligé d'en donner au moins
trois au paiement de sa taille & autres droits
imposés par le Souverain. Ce n'est pas tout,
il faut qu'il acquitte le Seigneur du village,
qui ne fit jamais grace d'un quart-d'heure, &
qui lui dérobe en bonne conscience deux jours
de son travail ; il en reste un qui n'est pas
pour lui, puisqu'il le doit au Curé de la Pa-
roisse : il n'a donc que le Dimanche qu'il
pourroit employer à son profit ; &, pour son
malheur, il est obligé de le consacrer au repos ; du moins a-t-il l'avantage de s'occuper
de l'Evangile du jour, & de travailler au salut

de

de son ame. Il est vrai que son estomac à jeun ne jure pas moins. Mais moi qui ne perds pas un quart-d'heure de tous les jours qui me sont donnés, qui loin d'être ranimée par le sommeil, n'entre dans ce berceau de la volupté que pour y trouver l'épuisement de mes forces : périsse mille fois le terrein que je possede, puisqu'il faut que je le cultive à grands fraix & que j'y moissonne pour autrui. Tout ce que je gagne dans la semaine ne me suffit point pour payer le tribut des plaisirs que je donne ; & quand je fais mon compte avec l'Abbesse, soit avances, mauvaises paies, ou dettes perdues, sa maniere de calculer me fait perdre la tête ; & malgré le casuel du métier, je suis toujours en reste avec elle. Peut-être avez-vous de peine à me croire ; mais pour vous en donner une preuve, jettez les yeux sur le tarif des droits que avons à payer.

1°. Pour les Dispenses de pudeur & autre vertu, sera payé deux écus Romains par semaine.

2°. Pour les fraix d'apprentissage & de Maîtrise dans l'art de varier les plaisirs, & de faire en matiere de volupté des découvertes toujours nouvelles, la taxe est de trois écus.

3°. Pour le Droit de visite de la part du Député du College Apostolique, laquelle visite se fera deux fois par semaine, sera payé six écus.

4°. Pour le paiement d'un brévet de Pucelle

celle que le Député du Sacré College expédiera toutes fois qu'il en sera requis, en faveur de la Nonnain, qui saura tenter la générosité de quelque Milord Anglois, sera payé trente sols.

5°. Pour les épingles & les menus plaisirs de l'Abbesse, sera payé deux écus par semaine.

6°. Pour l'entretien de l'Hôtel que le Pape Alexandre fit élever pour les Invalides de Cythere, sera payé un écu.

7°. Même Taxe pour être le vase d'élection dans certaines parties de plaisirs, où l'Abbesse nous envoie, pour fatiguer nos mains au service de quelque Eminence.

8°. Enfin, il faut donner trois écus pour le paiement des Indulgences que l'Abbesse nous fait accorder. Vous voyez, Monseigneur, que le nombre des droits que nous avons à payer est infini, comme les besoins de notre état, & qu'avec ce peu d'attraits & le talent de les faire valoir, une fille de mon âge ne devroit point être livrée au commun des fideles. Oui, si quelque Seigneur plein de charité vouloit m'arracher de cette maudite prison, il gagneroit le Ciel, il le gagneroit, je vous en assure; car la conquête du pays des Anges est plus facile que vous ne pensez, puisque tous les Membres du Sacré College peuvent la faire. L'Ecriture nous dit que la voie du Ciel est étroite; & si l'on en juge par la conduite de ceux qui veulent nous y conduire, il est autant de chemins pour y parvenir que

de manieres de marcher. Et qu'importe le fentier qui nous y mene ; pourvu qu'on y puiffe arriver // on fait toujours un bon voyage. C'eft ainfi que cette belle Pénitente s'entretenoit avec le Comte, lorfqu'on vint frapper à la porte. C'étoit fon ami qu'un Ange tutélaire envoyoit fans doute pour dérober le Comte à certain Diable féducteur, qui brûloit déjà dans fes yeux, qui n'auroit pas manqué de defcendre jufqu'au cœur, & de corrompre notre vieux pêcheur, qui dans ce moment ne penfoit gueres au naufrage de fa barque. Le Comte s'arracha des bras de la belle *Amathonta*, qui pleuroit de la meilleur foi du monde ; & comme il vouloit faire les chofes en bonne confcience, il tira de fa poche quelques écus romains, ne voulant point ufer de fon droit comme Prince des Apôtres. Quelques pieces d'argent charmerent les yeux de la Belle : fes larmes tarirent ; & nos deux compagnons furent chercher fortune ailleurs. Déjà le brillant oifeau qui parle de tout / & fait voler dans fon bec toutes les gazettes de la Ville / & les fornettes des fauxbourgs, répandoit autant de menfonges que de vérités fur l'arrivée de Saint Pierre : tantôt il le peignoit chargé d'hameçons à démi rompus & fracaffés, tantôt il lui prêtoit une reliure diplomatique. Déjà la curiofité, qui fut de tous temps la nourrice de cet oifeau, & qui traîne à fa fuite mille Automates ambulants, promenoit fa longue

gue vue fur toutes les places ; toutes les rues
étoient hériffées de capuchons & de cornettes.
On voyoit le Peuple imbécille, qui s'agite au
moindre appareil de nouveauté , & qui court
en infenfé les fcenes les plus plattes , les
plus petits Acteurs & les plus viles décorations, qui ne font point à la mode du pays,
la foule des Cagots qui ne manque point à
Rome, préparoit des Autels à Son Excellence :
ceux qui s'avifent de ne rien croire, élévoient
une efpece de théâtre ; &, fans refpect pour
l'Envoyé de l'Eternel, le mettoient au rang
des Bâteleurs. Le Comte de Pétrifaint, accom-
pagné de fon ami , perçoit la foule à l'aide
de quatre grands Chevaux, qui ouvroient un
libre paffage à fa voiture. Son Excellence ne
s'occupoit point à faire des fignes, paffe-temps
ordinaires de nos Princes mitrés , qui par
un prodige digne de la foire, avec deux doigts
allongés, font pleuvoir un déluge de Bénédictions, qui paroît tout inonder / & n'arrofe
perfonne. Ils arrivent enfin aux portes du
Vatican, où l'on attendoit notre Saint pour
des Requêtes & des Placets. Un jeune gâte-
métier*, qui portoit la livrée de l'indigence,
pour avoir trafiqué de fes Meffes à trop bon
marché, vint fe jetter à la portiere de la voiture, demande au Comte de baifer fes talons,
& fupplie Son Excellence de vouloir bien
jetter les yeux fur une Requête que le Lecteur
fera bien-aife de retrouver ici.

* C'eſt ce que le feu abbé Prévoſt appeloit un
meſſalier à 8ᵉ.

J O-

JOSEPH FRIPONINI, ci-devant Prêtre & Curé de la Paroiſſe Sainte Anconne, ſupplie très-reſpectueuſement.

REmontre qu'il ne ſuffit pas de veiller, jeûner, prier, & vivre dans la rétraite pour être à l'abri de certaines impreſſions, qui, dans le corps le plus étique, laiſſent voir de temps en temps quelques marques de ſanté. L'Ange de la malice eſt un fidele Compagnon, il a la rage de nous ſuivre par-tout : que je paſſe de la Chaire au Tribunal des conſciences, de la table au lit de camp, je me trouve toujours en mauvaiſe Compagnie ; & quand je fais des efforts pour chaſſer cet eſprit malin, il me flatte, & me prodigue tant de careſſes, qu'il ſe gliſſe bientôt dans mon eſprit, paſſe dans mon cœur, s'empare de tous mes ſens, & me poſſede tout entier. S'il eſt vrai que nous ſommes ſacrés, d'où vient que le mal nous gagne ſi ſubtilement ? L'Onction de l'Huile Sainte eſt-elle donc ſans vertu par ceux qui la reçoivent ? Et pourquoi faut-il qu'une Gouvernante devienne auſſi néceſſaire à nos beſoins que la néceſſité de rafler l'Evangile du jour ? On cauſe d'abord avec elle, on ſe familiariſe à ſes entretiens, & bientôt on porte la charité fraternelle juſqu'à l'appeller du nom de ſœur ou de niéce. Heureux, ſi l'on s'en tenoit à des propos ; mais les petits riens dans le ménage amenent ſouvent

de

de grandes chofes. On fe leve le matin pour baptifer un enfant avec un peu d'eau fainte qui refroidit fa tête : on le guérit d'un mal qu'il n'a pas ; il faut enfuite expédier des paffeports pour l'autre monde, nourrir les uns de la parole de vie, préparer aux autres le pain des Anges, le compofer, l'arrondir : après que cette béfogne eft faite, on vient au Presbytere, où l'on eft accueilli par une Gouvernante toujours empreffée à mitonner un excellent potage qu'elle eft fûre de partager. On s'accoutume à ces petits foins : on veut écarter l'efprit malin, il fe met entre deux ; on fe rapproche pour ne pas lui laiffer le moindre vuide ; on fe preffe avec effort, & bientôt on eft tout furpris de voir qu'on a fait autre chofe. Et comme l'appétit vient à table, on prend du goût à ce petit jeu, & l'on oublie dans les bras de fa Gouvernante tous les befoins de la Paroiffe. Voilà mon biftoire & le principe de tous mes malheurs ; en voici la fuite. On ne s'avife jamais de tout, eft la devife de bien des gens ; & comme il eft des cas qu'on ne peut prévenir, on ne cherche point à gâter fes plaifirs par de vaines précautions. On va fon petit train fans s'arrêter ; & lorfqu'on arrive au but, on voudroit en être bien loin. Après un petit commerce de deux mois, où le temporel n'entroit prefque pour rien, je fus trahi par une certaine enflure, qui croiffoit à vue d'œil fous les jupons de ma Gouvernante : je crus qu'il étoit de mon devoir de juftifier ce malheur hydropique. Je fonne la

cloche,

cloche ; mon troupeau s'affemble , je monte en chaire , & je leur dis dans une fainte & pathétique fureur : malheur à vous , Paroiffiens infideles ! malheur au troupeau qui convoite le bien de fon Pafteur ! Quel eft ce Loup garou , qui fous la figure d'un Bélier , s'eft gliffé dans la bergerie ? Je maudis celui d'entre vous qui peut avoir épaiffi la taille de ma Gouvernante : ou fon malheur eft arrivé par quelque opération fecrete , ou quelqu'un d'entre vous reçoit ici l'arrêt de fa damnation. Ce début pathétique produifit un effet merveilleux. On me crut fur ma parole ; car le troupeau dont je fuis Pafteur me fut toujours affez docile : mais la Cour de Rome , qui ne juge point à la mode d'autrui, ne fut point auffi crédule que mes Paroiffiens, & fans trop de formalité voulut m'interdire l'ufage de mes fonctions, me condamner à l'oifiveté , & me rendre , malgré moi , coupable de tous les vices. Depuis ce temps je fuis fi cruellement tourmenté par la faim , que j'aurais déjà dévoré quelque Membre du Sacré College , fi je n'étois retenu par la crainte de mettre trop de corruption dans mon eftomac , ou de le charger d'un morceau trop indigefte.

A ces caufes , il plaira fans doute à votre Excellence d'ordonner que+, pour le bien de la Religion , l'ufage des femmes fera permis à tous les Prêtres , & que la Loi Divine reprendra déformais toute la force qu'elle a perdue fous la puiffance Eccléfiaftique. Quand vous étiez fur

(+ quoiqu'en dife le bon Godeau évêque de la Vence)

la terre, vous traîniez par-tout avec vous un petit ménage : & Saint Paul lui-même écrivant aux Corynthiens, leur disoit qu'il avoit droit de mener à sa suite une honnête Ménagere, & que Dieu même le lui avoit accordé. Dieu dit, en créant le monde : il n'est pas bon que l'homme soit seul ; & cependant on nous condamne à vivre auprès d'un Chat ou d'un Chien. Faut-il donc que les Prêtres deviennent des Narcisses ? Si l'on nous ôte la seule Compagne qui peut servir à nos besoins, que l'on nous donne du moins une Anesse qui ressemble à celle de Balaam. Si les Ministres des Réformés valent mieux que tous les Prêtres de l'Eglise Romaines, c'est qu'on les pourvoit d'un petit ménage ; & quand on est riche de son propre bien, on ne convoite pas celui de son voisin. Je vous avoue que le mal est si pressant, que si le remede n'est pas donné promptement, je deviendrai l'Apôtre des Réformés. Tout alloit bien dans la naissance de l'Eglise : mais à force d'Interprêtes, de Novateurs & de Conciles, on a tout gâté ; & laissons la Religion comme elle est écrite, l'Evangile tel qu'il est, les Prêtres comme ils doivent être, & le Pape comme il marche.

Je goûte vos raisons, lui répondit le Comte, j'en parlerai à Sa Sainteté ; & si ma protection vaut encore quelque chose auprès d'elle, je serai très-flatté de contribuer à la population de la Terre pour augmenter celle du Ciel.

E

Dans

Dans ce moment une Dame vint fe jetter dans les bras de Son Excellence , & lui dit, excufez , Monfeigneur , je fuis Accoucheufe de mon métier , je viens de perdre mon emploi par la faute du Cardinal * * *. qui m'a fait condamner à faire Amende-honorable à Dieu, & à tout le Clergé; j'avois la pratique de Son Eminence , qui me produifoit , je l'avoue, un Cafuel fort honnête (car il faut rendre Juftice aux gens d'Eglife , je n'ai pas de meilleure pratique que ces Meffieurs,) mais malheureufement une certaine aventure m'a perdue & ruinée tout-à-fait. Une Dame fut remife entre mes mains pour être délivrée de certain fardeau qui lui pefoit beaucoup ; elle me fut confiée par le Cardinal en queftion , qui avoit bonne part aux embarras de la porteufe. Par l'imprudence d'une jeune fille qui m'appartient , car un enfant ne fait rien taire, on a fu dans le public que cette Dame avoit ouvert le Reliquaire de Sainte Placide à Son Eminence, & qu'il en étoit forti certaines Reliques que j'ai reçues dans mes bras pour les enfermer dans la niche. On m'a foupçonnée d'avoir dévoilé le myftere , & Dieu fait fi l'on aime à perdre fon gagne-pain , & fi je puis être coupable du crime de Leze-Eminence. Mais malgré les raifons d'intérêt qui parloient en ma faveur, on m'a condamnée à fermer boutique , on m'a privée de ma fubfiftance, on la dérobe à mes enfants , & je me vois réduite à la néceffité

de

de les précipiter dans le Tibre , & de m'y plonger avec eux.

Allez, ma Bonne, prenez patience, votre état changera dans peu, & le jour de mon entrée dans Rome fera marqué par un pardon général.

Enfin, il fe dérobe à la foule, & parvint aux Galeries du Vatican. Un inconnu, qui portoit une figure étrangere, fe précipite devant lui; il aborde nos deux Compagnons avec cet air aifé qui femble annoncer la bonne opinion qu'on a de foi - même. Vous me paroiffez Etranger , lui dit le Comte, pourrois - je vous demander quelle eft votre patrie? Je fuis rejeton d'une tige parfumée ; car ma patrie ne produit que des citrons. des bergamotes & quelque peu de falpêtre dont on a pêtri la cervelle de fes habitants. Vous êtes né fans doute dans la Provence, & je vous reconnois à certaine odeur qui porte avec elle la qualité du terrein ; c'eft un très-beau pays, & qui vaudroit bien davantage, fi l'on y trouvoit quelques mines de plomb pour le mêler au peu d'argent vif qu'on y recueille. Sainte Madelaine nous en parle fouvent : elle prétend qu'on y rencontre mille bonnes chofes, & que la Sainte Béaume eft une douce retraite.

Monfieur, vous êtes trop prévenu par ma patrie ; & je ferois trop flatté, fi je pouvois juftifier l'idée flatteufe que vous voulez bien

en

en avoir. Vous me parlez de la Sainte
Béaume & de certaines Richeſſes anatomiques qu'on y croit poſſéder ; mais on ne
croit point à ces choſes-là dans mon pays. Il
eſt vrai que le Peuple s'en amuſe ſſ & s'en
nourrit, & qu'il va prendre ſottement quelques
gouttes d'éau qu'on y diſtile pour les larmes
de cette belle Pénitente ; mais les honnêtes
gens ne ſont pas la dupe de ces petits tours
que l'on fait aux yeux des ſots. On dit plus,
on ſoutient que Madelaine n'a jamais ſanctifié
ce Rocher , & qu'elle n'eſt pas morte en
Provence ; quoi qu'il en ſoit , on lui rend
des viſites.

Vous me paroiſſez Monſieur , n'être pas
jaloux de poſſéder des reliques. Mais pourquoi priver votre patrie d'un tréſor dont elle
veut s'enrichir ? Pourrois - je ſavoir quel eſt
votre état ?

Mon état eſt de rendre juſtice , de conſoler la veuve , & de protéger l'orphelin ;
de veiller au bien public , & de ceux qui
cherchent à l'empoiſonner : voilà , Monſieur,
quel eſt le miniſtere que j'exerce. C'eſt un emploi bien reſpectable aſſûrément , & je penſe
que vous ajoutez beaucoup au mérite de cet état.

Il le faut par honneur & par devoir ; car
notre Parlement eſt un de ceux qui paroît
être le mieux compoſé. Nous avons ſeulement deux ou trois Originaux qu'il faudroit
renvoyer à la Bourſe de Marſeille , & ne garder

der que leurs copies, pour les expofer dans la Salle des *Pas perdus.*

Quoi! vous êtes Membre de cette illuftre Compagnie ? O , que je fuis ravi de vous connoître ! je vous ai, ma foi, de grandes obligations , & la reconnoiffance me donne tout à vous. Par quel hazard vous trouvez-vous dans un pays où vous n'êtes pas trop aimé ?

Ma foi, laffé des tracafferies que les billets de confeffion, les Jéfuites nous donnent depuis long-temps, j'ai pris le parti de courir le monde pour m'inftruire ; car il faut être éloigné de fa patrie, pour pouvoir brifer en liberté les entraves de l'erreur. Je vous avoue que votre Parlement eft très-honoré dans le Ciel, & que le Grand-Maître eft très-fatisfait de votre conduite. Vous avez très-bien fait de vous emparer du Royaume de l'Efprit, pour ne laiffer à la Puiffance Eccléfiaftique que l'empire de la chair ; vous avez chacun le domaine qui vous appartient. Pour moi, lui dit-il, je vous dois beaucoup à mon particulier ; car j'étois plus défœuvré dans le Ciel, qu'un Evêque *in partibus.* En effet , vous avez donné plus d'ouverture aux Portes céleftes, vous en avez multiplié les chemins. Qu'on ait introduit l'ufage des paffeports pour les voyageurs, à la bonne heure ; mais qu'on ait befoin de la fignature d'un Evêque pour paffer librement dans l'autre monde , cela n'a pas l'ombre du bon fens. Quand on eft malade , l'ordon-

E 3

nance

nance du Médecin ne suffit pas pour guérir, il faut la composition des remedes, & le morceau de papier devient inutile. Je ne vous dis pas quelle étoit la raison du bienheureux Christophe de vouloir rétrécir les portes du Paradis, pour en faire une espece de théâtre où l'on ne peut entrer que par billets. La porte du Ciel est assez étroite ; & s'il eût reussi dans son projet, il m'auroit fallu disséquer les ames à la porte, & les faire entrer par parcelles. Vous avez bien raison de ne pas souffrir que l'on trafique du pain des Anges, & que l'on dispose du salut des ames // comme d'une mauvaise marchandise dont on veut se défaire à tous prix. Tel étoit l'entretien du Comte avec ce Robin, lorsqu'il apperçut le Cardinal, qui venoit de quitter le Grand-Visir. Pétrisaint courut à Son Eminence, qui craignant la métamorphose dont il avoit été menacé, crut voir autour de Pétrisaint un nuage de frocs & de capuchons prêt à tomber sur sa tête. Il fuit, il se dérobe à la poursuite de Barjome ; & craignant de retrouver par-tout un habit de Capucin, il fit dire au Comte par un jeune Evêque, que le Sacré College devoit être assemblé pour décider de son Ambassade, & la rejetter ou la reconnoître. A ces mots, Pétrisaint fut réjoindre son ami, qui revola dans les bras de la Comtesse, & laissa le Prince des Apôtres avec cet Eleve de Thémis.

CHAPI-

CHAPITRE IV.

La nuit du 28 Avril.

LE CONCILE.

AMi Lecteur, quelque brillant que foit l'emploi que vous exercez , defcendez du pofte éminent où la fortune vous a placé. Soit que vous comptiez autant de maîtreffes que Salomon, autant d'amis que Créfus, foit que vous foyez homme d'Etat, ou Maître dans l'art de tout réformer, Oracle de l'Evangile tel qu'il eft, ou tel qu'il doit être, Prince ou fujet, Comte ou Marquis, ou foit difant tel, dépouillez vos titres , foumettez-vous, adorez l'augufte Affemblée que je vais mettre fous vos yeux.

Sous une voûte dorée, où l'art étaloit toutes fes richeffes , & prêtoit à la fimplicité de la Religion un faftueux appareil qui l'anéantit & la détruit, brilloit un Trône Pontifical, où le Vifir Eccléfiaftique enfermoit la Sainteté de fa figure. C'eft là que l'Idole des Fideles recevoit en filence les hommages de l'Affemblée ; cet augufte Simalacre paroît être fans organes ; il ne connoît pas l'ufage de fes pieds ; & quand il veut ouvrir la bouche, il trouve des complaiſants qui diſpenſent ſa béatitude du ſoin d'ennuyer l'Auditoire. On voyoit à ſa droite les Doyens du Chapitre coëffés avec des chapeaux rouges ; ils étoient élégants & reſſembloient à nos petits Robins, qui n'agitent la tête à l'audience que pour ſemer autour d'eux une pouſſiere odorante. C'eſt là que la rotondité de **. chargé de ſa propre peſanteur, ſe plaignoit en ſecret du raffinement de ſa cuiſine. C'eſt là que le faſtueux ***. portoit dans ſes yeux l'étiquête de l'indolence & le Symbole de la molleſſe. C'eſt là que le ***. parloit de ſes amours. Bientôt on vit le Cardinal qui ſert de ſouffleur au Grand-Viſir , & qui lui prête ſa bouche & ſes lunettes , parler pour elle & faire l'ouverture de la Séance en ces mots : ,, Mes chers ,, Freres en Jeſus-Chriſt, que l'Eſprit Divin ,, qui nous éclaire demeure à jamais parmi ,, nous Nous voici raſſemblés pour un objet ,, dont l'importance eſt plus grande que vous ,, ne penſez. Le bruit ſe répand dans Rome ,, que Saint Pierre a quitté ſa place de Cham- ,, bellan , & qu'il vient en qualité d'Am- ,, baſſadeur, conférer avec le Vicaire de Jeſus- ,, Chriſt : cette Ambaſſade me paroît être ſi ,, neuve, qu'elle eſt ſuſpecte à mes yeux ; & ,, comme on ne doit pas précipiter ſon juge- ,, ment ſur une affaire de cette nature, & ,, qu'il faut l'examiner dans tous ſes points, ,, c'eſt à vous, mes Freres, de décider ſi l'on

[deux lignes manuscrites illisibles] doit

,, doit reconnoître Saint Pierre en cette
,, qualité, & lui décerner les honneurs que
,, nous lui devons, ou le renvoyer & le pu-
,, nir comme un Esprit malin que l'Ange
,, des ténebres députe vers nous : c'est à vous
,, d'opiner ; votre sentiment sera l'organe de
,, la vérité, puisqu'il sera dicté par l'Esprit-
,, Saint, qui préside lui-même à notre Conseil.

Le Doyen des Cardinaux, qui se plaisoit
un peu dans le radotage, tronqua d'abord
quelque passage de Saint Pierre, pour prouver qu'une affaire de cette importance ne pouvoit être décidée qu'à la pluralité des voix,
& qu'il falloit, avant tout, consulter le Pere
de lumiere. On applaudit des mains ; & le
Veni Creator fut entonné dans toutes les regles de la Musique instrumentale & vocale.
A ces mots, toute l'Assemblée fit silence,
& l'on entendit le son de mille instruments
se mêler à la voix de mille *Castrati*. Le Con-
cert fini, tout le monde prit place, & le
Cardinal de ***. commença sa Harangue.

,, Puisqu'on demande mon avis sur la dé-
,, putation prétendue du Prince des Apôtres,
,, je le prononcerai avec l'impartialité que je
,, dois apporter dans le Ministere que je rem-
,, plis. Il me semble que l'Eternel ne peut avoir
,, député Saint Pierre vers nous, sans changer
,, l'ordre établi dans le Ciel, par la raison
,, que la place que Saint Pierre occupe est
,, trop

„ trop importante pour qu'il la confie à d'au-
„ tres qu'à lui-même. Pétrifaint eſt auſſi né-
„ ceſſaire à la porte du Ciel, qu'un vieux
„ Huiſſier à la porte de nos Hôtels ; & com-
„ me le Portier d'une grande Maiſon peut
„ vieillir dans le Bénéfice de ſa place, & ne
„ doit jamais la quitter, croyez que Saint
„ Pierre jouira de tout temps des mêmes pri-
„ vileges que l'on affecte à tous les Suiſſes
„ qui veillent par état à la ſûreté de Nos
„ Excellences. Aucun de nous n'a jamais
„ renvoyé ſon Porte-clef que pour fautes
„ commiſes, aucun de nous ne l'a jamais dépla-
„ cé par imprudence ; & comme Saint Pierre
„ eſt incapable de reproche, & que ſans être
„ né dans la Suiſſe, il en a toutes les vertus, il
„ ne ſauroit quitter ſon poſte ſans être coupa-
„ ble, & ſans rendre la ſageſſe de l'Eternel
„ ſuſpecte à nos yeux. Voilà mon avis. „

Paulini, l'Orateur du Conclave le plus à la
mode, & pour qui trois quarts d'heure de ſilence
ſont un ſupplice inſupportable, attendoit le moment qui permettroit à ſa bouche de prodiguer toutes les grâces dont elle eſt remplie.
Comment peut-on imaginer que l'Eternel eût
honoré le portier du Ciel d'une députation
pareille, puiſque nous poſſédons une partie
de ſon corps. Eſt-il venu le reprendre dans la
niche qui le renferme ? Puiſqu'il eſt encore en
ſon entier, comment ſe peut-il que le Portier
du

du Ciel exiſte en corps & en ame dans Rome ? Ou les Reliques qui portent ſon nom trompent la vénération des fideles, ou Saint Pierre eſt un impoſteur, puiſqu'il ne peut deſcendre du Ciel & reprendre ſon corps ſans y joindre les membres qui le compoſent ? Et comme une partie de ſes muſcles & tendons eſt précieuſement conſervée dans l'Egliſe qui porte ſon nom, je penſe que ce prétendu Pétriſaint n'eſt qu'un aventurier, qui veut, à l'ombre du Saint nom dont il eſt couvert, tromper la Religion de Sa Sainteté, & uſurper des hommages qu'il ne ſauroit nous dérober. Tel eſt mon ſentiment ; & j'oſe dire que l'Eſprit-Saint l'a dicté, puiſque nous venons de l'invoquer unanimement.

Il eſt queſtion, répondit un autre Cardinal, d'examiner le ſujet de ſa miſſion : on dit qu'il eſt <u>mandé</u> de la part de l'Eternel, pour faire révoquer la Bulle que Sa Sainteté vient de donner en faveur des Diſciples de Saint Ignace. Si la Bulle eſt un Acte de juſtice, Dieu ne ſauroit la condamner, puiſqu'il n'étoit pas dans ſes Décrets de détruire un deſſein qu'il a mis lui-même dans le cœur de Sᵃ Sainteté. Dieu ne peut imiter le caprice des hommes, qui renverſent d'une main ce qu'ils élevent de l'autre ; ſes idées ſe reſſemblent toujours, & celles qu'il veut avoir le matin ne changent point avec le crépuſcule du ſoir. Or, il n'eſt aucun de nous qui puiſſe douter

que

que Dieu même imprime fa fageffe fur tous les Actes du Saint Pere ; s'il eft vrai qu'il en eft le moteur & l'arbitre, tout ce qu'il fait eft jufte, parce que le mal ne peut émaner de la fource éternelle du bien, & comme Sa Sainteté ne fait rien que par l'infpiration de l'Efprit-Saint, on doit penfer que cette Bulle eft l'ouvrage de Dieu même, & qu'elle porte l'empreinte de fa fageffe. Delà vient que la députation préfente doit être rejettée ; & que fait-on ? peut-être que l'Huffier du Parlement de Provence a pris le nom & la figure du Prince des Apôtres, pour arrêter les deffeins que Sa Sainteté peut avoir en faveur de la Compagnie de Jefus. Tous les Membres de ce Sénat ne font point amis de la Cour de Rome, ils font capables de tout pour exterminer le peuple Jéfuitique ; & fi mon avis emportoit les fuffrages de l'Affemblée, on examineroit de près cet Envoyé prétendu ; & s'il eft reconnu pour un Député des Enfers, il mériteroit bien de fubir le fort auquel l'impiété du Sénat a condamné la fainte Bulle. Sur cet avis, il fut délibéré d'une voix unanime qu'on examineroit la conduite de cet Envoyé : il fut décidé que le Cardinal ***. feroit chargé de cet Examen.

Le Cardinal qui venoit d'être nommé, fe leva pour fupplier l'Affemblée de vouloir bien le difpenfer d'une pareille commiffion. Si vous étiez inftruits, mes Freres en Jefus-Chrift,

Chrift, du fort que Saint Pierre m'a voulu faire éprouver ! Ah ! je frémis encore de fes menaces. J'ai vu la robe d'un Capucin voltiger fur ma tête , & j'ai lieu de craindre que la honte d'en être couvert ne devienne la peine de mon audace. Je crains de m'expofer au reffentiment de cet Envoyé du Ciel , & j'aime mieux le reconnoître , l'annoncer à tout le Peuple Romain & fervir d'Apôtre au Chef du Cortege Apoftolique , que d'effuyer la terrible métamorphofe dont il m'a menacé. On voulut favoir ce que prétendoit Son Excellence , quelle étoit cette métamorphofe. Il conta ce qui s'étoit paffé entre Saint Pierre & lui ; & chacun craignoit qu'au lieu de porter un chapeau rouge, le Chef des Cardinaux ne fût couvert d'un chapeau gris. On entendit une rumeur qui n'étoit que l'effet de la crainte ; car il eft trifte pour des Excellences de traîner la beface, de voir la Pourpre changée en habit de bure. Dans le moment qu'on propofoit de renvoyer le Député du Ciel, on vit paroître un jeune porteur de croffe, qui remit à Sa Sainteté les Lettres de Créance de Saint Pierre. Elle en ordonne la lecture.

Nous , Souverain Maître du Ciel, ci-devant poffeffeur de la Judée, aujourd'hui Roi de l'Eglife & de ceux qui la gouvernent par ma grâce fuffifante , élevé fur un Trône porté par les Anges, à tous nos Apôtres modernes, ou foit difants

fants tels, *Pape, Cardinaux & Prélats du premier & second ordre*, salut & privation de
tous les biens temporels ; mandons & ordon-
nons par les préfentes, de reconnoître notre
cher & bien-aimé *Pierre* pour notre Miniftre
Plénipotentiaire, & qu'en cette qualité il
jouira de tous les honneurs, droits & privile-
ges accoutumés. Il étoit temps d'exterminer
toutes les bêtes à trois cornes qu'on a vu naître
des cendres de Loyola. Périffe mille fois ce
Troupeau gangréneux, qui n'a que trop infecté
la terre, puifqu'on a vu des monftres élevés
dans fa bergerie, qui fe font emparés de l'o-
reille des Rois pour les expédier pour l'autre
monde avec un ordre méthodique. Que Sa
Sainteté ne s'avife pas de protéger plus long-
temps la Compagnie de mon Fils. Je lui donne
dès à préfent un congé général, & je veux que
fes drapeaux lacérés & flétris foient brûlés en
place puplique, & qu'un coup de vent, pré-
cédé du tonnerre, en emporte la cendre dans
quelque recoin des Enfers, pour qu'il n'en refte
pas la moindre veftige. Dites à mon Vicaire
que cette Société perfide n'a que trop déshonoré
le nom qu'elle porte, & que je fuis laffé de voir
fanctifier fur la terre ce que je réprouve dans le
Ciel ; le pouvoir de mon Eglife eft affez affoibli
pour ne pas facrifier le peu qu'il en refte au
parti de *Saint-Ignace*. J'apprends tous les
jours quelques nouveaux troubles qui s'élevent
dans ma Maifon, & je vois bien qu'il faudra

chan-

changer de Locataire, ou la démeubler tout-à-fait. Les yeux s'ouvrent de jour en jour, & l'incrédulité paroît être la premiere vertu du siecle. Et pourquoi ne suivroit-on pas la mode, puisque l'exemple des Apôtres modernes invite sans cesse à ne rien croire? Mandons au Grand-Visir de la Catholicité de céder à la puissance des Rois, puisqu'elle est d'intelligence avec la mienne pour la proscription du Peuple Jésuitique, & sur-tout de révoquer cette Bulle insensée dont le bruit est parvenu jusqu'à moi : à défaut, je ferai pleuvoir sur la terre un déluge d'antimoine, pour noyer tous les capuches & les frocs, & que sais-je, peut-être même les Mitres & les Chapeaux rouges.

Ce Mandement parut révolter toute l'Assemblée. Sa Sainteté parut en être si offensée qu'elle vouloit de sa propre main déchirer la signature de l'Eternel : heureusement qu'elle étoit sur un espece de feuille d'airain que rien ne peut effacer ni détruire. Toute l'Assemblée, qui partageoit l'outrage fait à la gloire du Saint Siege, prétendit que ces Lettres de Créance n'étoient qu'un recueil d'impostures, & qu'il falloit les brûler comme une production de quelque cervelle damnée. Voici le jugement qui fut en conséquence rendu par le Sénat Apostolique.

Nous

Nous, Vicaire-Général de Jesus-Christ, Roi des Apôtres modernes, Dispensateur des Indulgences & Grâces de toute espece, Dépositaire des Clefs du Paradis, Maître de l'Eglise universelle, & Pasteur d'un Troupeau que Dieu même nous a confié, faisons savoir à tous les Fideles que les Lettres de Créance supposées par un nommé Saint Pierre, soit disant tel, Envoyé du Ciel, seront brûlées & jettées dans les flammes par la main de l'Exécuteur extraordinaire, comme un ouvrage attentatoire à la Religion & coupable envers nous-mêmes. Le présent Arrêt sera lu, publié & affiché dans tous les coins de notre Royaume, exécuté selon sa Forme & Teneur.

CHAPITRE V.

La nuit du 29 Avril.

MAis déjà cet Oiseau rapide, qui couvre la terre & les mers de l'immensité de ses aîles, étoit descendu du Ciel ; il s'étoit niché sur ce fameux dôme qui servira de monument éternel à la hardiesse de l'art, les caquets qui voltigeoient autour de son bec, formoient un essaim de petits insectes, qui bourdonnoit dans les airs, il s'élevoit du sein de la terre, & grossissoit à tout moment. La curiosité qui veille sans cesse auprès de son nid, y rassemble mille petits mensonges qu'elle se plaît à nourrir, & qui bientôt devenus grands, s'élancent de leur berceau commun pour inonder la terre entiere, & aller donner l'être & la vie à tous les faiseurs de sermons, de plaidoyers & de gazettes ; on dit que cet animal femelle est singulier ; trente-six longues oreilles ciselées à la Grecque forment sa coëffure ; autour de sa bouche toujours remplie de porte-voix & de cornets, on ne voit que des yeux de toutes couleurs qui sont toujours ouverts ; l'animal à cornettes, qui fut toujours l'avant-coureur de cet Oiseau, fixoit ses regards avides sur le

F

Con-

Conclave. Il vit fortir tout le Sacré College, & dirigea fa courfe auprès du Vatican, pour aller recueillir des vérités & des menfonges. Bientôt l'Oifeau brillant qui marchoit à fa fuite, ouvrit fon bec, & répandit la nouvelle terrible, qui devoit porter l'effroi dans l'ame de Pétrifaint.

Saint Pierre goûtoit avec fon ami les délices de la converfation, ils s'entretenoient des révolutions de l'Eglife, des caufes qui les ont amenées, & des effets qu'elles produiront. Ils lifoient dans l'avenir les terribles affauts que l'on prépare au Papifme, & ne voyoient plus que les débris d'une triple Couronne couvrir les reftes d'un vieux crâne qui n'a plus la force de la foutenir ; & tandis que Pétrifaint pleuroit fur fa difgrace future, & qu'il attendoit avec impatience le fuccès de fa miffion, il apprit que fes Lettres de Créance devoient être brûlées, que l'Arrêt qui les condamnoit aux flammes, étoit affiché dans toute la ville & les fauxbourgs, & que le moment de l'incendie n'étoit pas loin. Il déplora l'aveuglement du Sacré College, & s'écria dans les bras de fon ami : à quel fort dois-je m'attendre, fi les ordres de mon Maître reçoivent de pareils outrages ! ô temps Apoftoliques ! qu'êtes-vous devenus ? que deviendrai-je moi-même ? ô mon ami ! foutenez-moi dans vos bras, aidez-moi de vos confeils, j'en ai befoin. Eh ! que puis-je vous confeiller

dans

dans une situation si triste : je crains qu'une douzaine de fagots ne devienne la récompense de votre Mission ; & si vous m'en croyez, vous laisserez brûler vos Lettres de Créance : & qu'importe qu'on en fasse des allumettes, ou qu'elles servent d'enveloppe à la chevelure de quelque jeune Abbé mitré ; ne vous exposez point au même danger, sauvez-vous dans le Ciel, allez chercher un asyle contre la persécution , songez que le vieux Possesseur du Royaume Apostolique est trop indigné pour ne pas vous punir de l'avoir fondé : & quand Dieu même est outragé, peut-on faire grace à son Envoyé ? Non, non, partez, fuyez, ne perdez pas une heure , une minute , allez reprendre vos habits de pêcheur , & le dépôt que nous avons laissé entre les mains de l'honnête Frippier, qui nous a reliés l'un & l'autre. Tout cela fut exécuté promptement. Pétrisaint rentra dans son état naturel , embrassa son ami, quitta Rome sans prendre congé de personne , & revola dans le Ciel. C'est ainsi qu'un Auteur qui met trop de force & de vérité dans ses écrits se dérobe à la poursuite des Prêtres , pour ne pas éprouver le sort d'un malheureux livre, qui ne périt dans les flammes, que pour revivre sous la presse. †

O vous ! qui consacrez vos veilles au stérile plaisir de nous instruire , Sages modernes, qui craignez la flétrissure que l'on imprime à vos Ecrits , vous que la crainte du

F 2

fagot

fagot dérobe à la gloire des lettres, confolez-
vous ; on outrage dans Rome-même les
Ecrits de l'Eternel ; & Saint Pierre, qui
craint le même fort, eft traité d'impofteur :
un Arrêt Apoftolique le condamne , & fa
fuite foudaine le dérobe aux tifons qu'on al-
lumoit pour le chauffer.

CHAPI.

CHAPITRE VI.

La nuit du 30 Avril.

DEjà le bienheureux Pétrisaint touchoit au terme de ses courses : on l'entendoit coqueliner † aux portes du Ciel, il appelloit son Substitut qui dormoit encore ; enfin, l'Oiseau de Saint Pierre s'éveille : il écoute, & reconnoît la voix de son Maître : il s'élance sur la clef, ouvre la Porte Céleste, & vole sur les épaules de Pétrisaint : il le caresse à grands coups de bec, chante son retour, & l'annonce à la Troupe Céleste, qui s'en applaudit. Le vieux Prophete Jéremie, qui l'attendoit pour célébrer son triomphe, changea de gamme à son aspect, & se vit réduit à psalmodier le mauvais succès de sa Mission. L'Eternel, qui d'avance en étoit instruit, préparoit une vengeance au-dessus de l'outrage. Le malheureux Pétrisaint, qui redoutoit la présence de son Maître, marchoit à pas craintifs, & n'approchoit qu'à regret de ce Trône redoutable que les Courtisans du Ciel n'osent contempler. Rassurez-vous, lui dit l'Eternel en le voyant, vous n'êtes point coupable des fautes de mon Vicaire, & lui seul doit en être puni ; j'ai tout appris, & vous

F 3

† ce mot expressif marqué dans le grand vocabulaire et dans le Coq roïal ou histoire du Coq, du bon Brice Bauderon. Mâcon, 1637.

vous ne tarderez pas d'être vengé. Vous que j'ai retenu trop long-temps , fublime Enfant de la raifon , Efprit Philofophique , Ange exterminateur de l'ignorance & de tous les facrés Tyrans qu'elle couronne , armez-vous du glaive de la parole, ceignez le bouclier de la vérité , fendez les airs & tous les brouillards que la fuperftition voudroit élever jufqu'à moi ; volez à travers le vuide immenfe qui fépare mon Empire du Royaume des Papiftes ; allez dans tous les coins du monde fouffler la haine du Monachifme ; excitez la revolte des efprits dans tout le globe littéraire ; hériffez la terre entiere des lances du fcepticifme ; allez, je vous prépare un Trône dans les lieux même qui vous ont fervi de prifon , & je veux qu'un amas de volumes remplis de vérités hétérodoxiques , en devienne la barriere impénétrable.' A ces mots, on vit une légion d'Efprits fe raffembler auprès de l'Ange Philofophique , & le couvrir d'une efpece de bataillon quarré vuide : ce prodige fufpendit le mouvement des Aftres , qui s'arrêterent un moment pour le contempler. Bientôt on vit cet Ange fe transformer en Aigle , & pour achever la métamorphofe / & la rendre plus redoutable au Papifme, mille plumes éclatantes / fufpendues dans le Ciel, fe détacher de fa voûte, venir fe placer & s'inoculer en ordre fur cet Oifeau divin. Les unes s'empreffoient à cou-

vrir

vrir fa tête ; d'autres fe réuniſſoient pour compofer fes aîles : on voyoit la plume du Chancelier *Bacon* s'étendre dans le Ciel, & laiſſer après elle un vaſte ſillon de lumiere ; celle de *Defcartes* marchoit à fa ſuite, portée ſur les tourbillons qu'elle faifoit voler autour d'elle : la plume de *Newton* ſembloit en attirer une infinité d'autres, qui cédoient à la force de ſon vol ; on voyoit celles de *Montagne*, de *Locke* & de *Leibnitz* ſe difputer entr'elles à qui couvriroit mieux la nudité de cet Oiſeau. La plume de *Bolingbrocke*, qui formoit une efpece de fufée prête à porter le feu jufques dans la Chaire de Saint Pierre, partageoit avec celle de *Bayle* l'honneur de fervir à la compoſition de fa queue, & de lui prêter la forme d'une longue comête. C'eſt ainſi que cet Aigle terrible fut paré de toutes les plumes immortelles que le génie Philofophique éleva dans le Ciel, pour être placées au rang des Etoiles. A peine vit-il fes aîles formées & bien aſſorties, qu'il en meſura l'étendue : bientôt, pour en eſſayer la force, il prit ſon eſſor, plana quelque temps au haut du Ciel, & s'élança toutà-coup ſur la Colombe du Pere Céleſte, qui, déchirée à grands coups de bec, courut, en battant de l'aîle, chercher un afyle aux pieds de l'Eternel, & ſoupira devant lui cette touchante lamentation.

,, Pere

,, Pere de miséricorde, ſi parmi tous les
,, êtres volatiles qui ſont éclos de vos mains,
,, vous n'avez regardé que la Colombe ; s'il
,, eſt vrai que je porte la chaleur de mes
,, aîles par-tout où votre volonté les dirige,
,, & que pour être le dernier du *trio*, l'iden-
,, tité n'exiſte pas moins, pourriez-vous ou-
,, blier qu'après le naufrage du monde je pris
,, ſoin de conſoler, de raſſurer un vieux Pa-
,, triarche, & de lui préſenter une olive
,, que j'eus bien de peine à cueillir ? Qu'il
,, vous ſouvienne du moins que je deſcendis
,, autrefois ſur la Terre, pour faire préſent
,, d'une Langue / & d'un beau Crâne tout
,, neuf, à tous les ſoi-diſants Compagnons
,, de Jeſus : qu'il vous ſouvienne que depuis
,, ce temps j'ai ſervi de ſouffleur au Pro-
,, phete de la Mecque, que mon haleine a
,, produit l'enthouſiaſme de tous les Poëtes
,, Sacrés, que je reſpire encore dans leurs
,, Ouvrages, & que s'il eſt des nœuds entre
,, l'eſprit & la matiere, entre l'erreur & la
,, vérité, c'eſt que mes aîles, qui s'étendent
,, d'un pôle à l'autre, uniſſent le Ciel & la
,, Terre. Oui, Seigneur, par-tout où je donne
,, un coup de bec / j'emporte la piece ; par-tout
,, où je laiſſe tomber une ſeule de mes plumes,
,, on en reconnoît la trace ; & cependant aujour-
,, d'hui vous ſouffrez qu'un Oiſeau de proie dé-
,, chire mes aîles, s'abreuve de mon ſang,

m'arra-

,, m'arrache les yeux, & me dépouille enfin
,, d'un parure qui fut toujours l'emblême de
,, la candeur & de la fidélité. Et que me fert
,, de partager votre Effence Divine, puif-
,, qu'elle devient inutile à ma défenfe, &
,, que je ne fuis pas moins livrée à fon bec
,, homicide? Qui voudra déformais me re-
,, connoître pour le troifieme Citoyen de la
,, Cache célefte , fi l'Aigle peut outrager
,, impunément tout ce que la Colombe a de
,, plus divin? Non, vous ne me verrez point
,, palpiter & mourir fous fa ferre enfanglan-
,, tée; vous ne permettrez pas que la clarté
,, du Ciel foit ofcurcie plus long-temps par
,, cet Oifeau de ténebres, & que votre chere
,, Colombe apporte vainement à vos pieds les
,, marques de fa foiblefle & de fa douleur. ,,

Raffurez-vous, lui dit l'Eternel, je connois toute la juftice de vos plaintes, & je
les reçois dans mon cœur. Mais puifque la
fierté de l'Aigle ofe s'élever contre vous,
pourquoi fuyez-vous devant elle? N'avez-
vous des aîles que pour vous dérober à fa
pourfuite. Armez-vous de courage, apprenez à défendre vos droits , puifqu'ils font
outragés; car il foutient que le véritable efprit philofophique eft le feul qu'on puiffe
appeller divin, & que ceux qui triplent ma
Divinité, attachent à l'ineffabilité de mon
effence une idée dont elle n'eft pas fufcepti-
ble

ble. Il remonte à la source de cette opinion, & nous montre son origine dans le sein du Paganisme. Il ajoute qu'on ne trouve pas même dans la Bible aucun principe des trois Personnes en Dieu, & que dans quelque acception qu'on puisse le prendre, il n'est aucun texte dans le Nouveau Testament qui nous offre le moindre rapport avec un Mystere qui veut former & composer l'Unité Divine de trois Membres qui la détruisent. (*)

Telle

(*) C'est une chose bien remarquable & peu consolante pour des Chrétiens, que les habitants du Tibet dans la Tartarie adorent une image sous le nom de Dieu. Cette Figure, qui représente un Vieillard, un jeune Enfant & un Oiseau, ne differe point de celle qui d'un seul & même Dieu veut faire trois Idôles chez les Chrétiens, & peut-être qu'en remontant à la source, on découvriroit le principe de cette ressemblance, & qu'on ne verroit dans la Trinité des Chrétiens qu'une copie de celle des Tartares.

Personne n'ignore que la fameuse Idôle, appellée San Paö, & qu'on regarde comme la Trinité des Païens de la Chine, ressemble à celle que l'on voit à Madrid sur le grand Autel de la Trinité, & qu'il n'est point de Chinois, qui, frappé de cette ressemblance au premier coup d'œil, ne dit aussi-tôt que l'on adore en Espagne le San-Paö de son pays.

Quoi qu'il en soit, il est de la sagesse d'un vrai Chrétien d'admettre trois Principes dans la Divinité. C'est cette Trinité que Paul a re-

Telle eſt la force des raiſons que l'Aigle vous oppoſe ; c'eſt à vous de les combattre. Je n'examine point ſi vos droits ſont unis ou ſéparés : je ne veux point être Juge & Partie dans votre cauſe ; il faut que les armes de la vérité la ſoutiennent. Et puiſqu'une affaire de cette importance ne peut être décidée qu'à grands coups de bec, je vous donne tous les gros Bataillons qui campent dans le Ciel à l'ombre de vos aîles ; le ſavant Ordre de la Trinité formera votre premiere Légion, elle ſera d'autant plus terrible qu'elle peut être, compoſée de tous les grands Eſprits, qui ont rendu la triple Tunique ſi célebre ; car on en compte plus de quatre mille dans le Calendrier Littéraire. Joignez à toutes ces forces la Cavalerie de Saint François, d'autant plus propre à la guerre qu'elle eſt plus habile à fourrager dans tous les pays.

C'eſt à vous à préſent de déterminer la maniere de combattre qui peut être la plus familiere à vos Troupes : j'ai fixé le Champ

de

connue dans ſon Epitre aux Corinthiens, (§) je veux dire, la Foi, l'Eſpérance & la Charité. La connoiſſance de ces trois Principes eſt d'autant plus juſte & commune à tous les êtres penſants, que la nature même nous en offre l'idée, & dépoſe par-tout en ſa faveur.

(§) 1 Cor. XIII. 13.

de Bataille dans cette plaine immenſe qui ſépare l'Athmoſphere de la premiere Barriere du Ciel. Allez étudier la nature du Local, ſaiſiſſez d'un coup d'œil tout ce qu'elle peut avoir d'avantageux ; ſongez que tous les yeux du Ciel & de la Terre ſont ouverts ſur vous, que le ſort de votre combat confirmera la triplicité de mon eſſence, où lui rendra ſa premiere Unité. Allez & ſouvenez-vous que ſi la victoire aſſure au Parti de l'Aigle la conquête du Ciel, il ne reſte d'autre aſyle à ma Colombe que la voliere de quelque Curé de la Campagne.

CHAPI-

CHAPITRE VII.

La nuit du 1 Mai

BATAILLE ENTRE L'AIGLE ET LA COLOMBE.

DEjà l'on entendoit cet Oiseau menteur, qui d'une voix fausse & brillante chante également les petites querelles des Moineaux, et les batailles & les rapines de l'Aigle ; il étoit porté sur un Char attelé par le mensonge, & traîné par deux Biches volantes. La triste vérité la suivoit de loin sur les débris d'une antique voiture à demi fracassée ; son attelage étoit composé de quatre chevaux pleins de force & de courage précédés de quatre ânesses. Déjà voloit d'une bouche à l'autre la nouvelle du combat qui se préparoit dans le Ciel ; tantôt pour exciter la joie du parti Philosophique & porter l'allarme dans les Cloîtres, il annonçoit le Triomphe de l'Aigle & la défaite de la Colombe ; tantôt il permettoit à l'Oiseau du Saint-Esprit une victoire complette, & les rendoit maître du Champ de Bataille ; tantôt il faisoit un habit de Trinitaire des drapeaux de l'Oiseau qui porte la foudre ; il ajoutoit que sa redoutable artillerie feroit un ravage affreux parmi les

gros

gros Bataillons de la Colombe : c'eſt ainſi qu'il flattoit à la fois l'orgueil des deux partis. Déjà l'animal femelle qui porte tous les yeux d'Argus & ſe couvre d'autant d'oreilles, ſe répandoit de tous côtés ; & tandis qu'au pays de l'ignorance on demandoit à grands cris le Triomphe de la Colombe , qu'on ordonnoit des prieres & des jeûnes pour le ſuccès de ſes Armes , l'Aigle s'occupoit de la poſition de ſon armée, veilloit à ſa ſubſiſtance , & fourrageoit tranquillement dans le Colombier.

Au-deſſus de la calotte d'azur qui couvre ce petit globe rempli d'Atômes , ſe découvre une plaine immenſe qui paroît ſe terminer dans le lointain, & va s'étendre juſqu'à la premiere barriere du Ciel : c'eſt là qu'on viſe tous les prétendus paſſeports, qui permettent une libre entrée dans le Royaume de l'eſprit ; c'eſt par-là qu'on voyoit défiler l'armée de l'Aigle marchant à quatre colonnes, qui ſe déployerent dans la plaine ; & comme elle ſaiſit d'un coup d'œil les avantages du local, elle appuya ſon aîle droite d'une chaîne de nuages qui reſſembloient aux Pyrénées.

Il eſt au fond de ce vuide éternel un aſſemblage de brouillards, qui s'épaiſiſſent à meſure qu'on en approche de plus près : on dit que cette maſſe ténébreuſe eſt une emblême du Cahos. Non , l'Erebe dans toute ſa profondeur n'a rien de plus terrible, puiſqu'il

qu'il reunit dans son épaisseur la confusion de la matiere & de l'esprit, & le désordre de tous les cerveaux vuides & creux. C'est là qu'une obscurité sombre nous cache un Palais superbe, qui ressemble à la demeure de quelque Pontife ou gros Coureur de Bénéfices. L'Ignorance l'a choisi pour son asyle éternel, elle ne sait le quitter, que pour recueillir tout ce qu'elle a semé dans ce bas Monde. Tantôt on voit tomber de ses mains mille Couronnes de chardon, qui couvrent autant de têtes ; tantôt on voit la Sorbonne & tous ses environs inondés d'un déluge de Calottes & de Bonnets ; souvent elle s'arme d'une baguette qui produit des métamorphoses de toute espece ; le sot usurpe la place de l'homme d'esprit, & le ci-devant Philosophe n'est plus qu'un faiseur de lacets. On entend cette Reine altiere & dédaigneuse, qui ne cesse de ronfler sur un Trône doré, que pour nasiller de temps en temps quelque vieux proverbe. La sottise, qui lui sert de Ministre, lui présente à chaque instant des nouveaux Courtisans, qu'elle met bientôt au rang de ses Favoris, malgré le refus de l'amour-propre, qui voudroit les éloigner de sa Cour. Toutes les Fêtes qu'on lui donne sont marquées par quelque feu de joie que l'on allume toujours, soit aux dépens du Despotisme Oriental, ou de quelque autre Ouvrage aussi fortement pensé. On voit au
fond

fond de fon Palais une fuperbe Mofquée, enrichie d'offrandes , ou de rapines de toute efpece. C'eft là qu'habite une vieille Prê-treffe , qui compte autant d'années qu'elle a reçu des coups d'encenfoir. Cette Sacrifica-trice de tous les âges , qui ne prodigue les Indulgences que pour multiplier les crimes, ne refpecte les Trônes qu'autant qu'ils lui fervent de degrés pour monter à l'Autel. C'eft elle qui peuple les Cloîtres , & change les Villes en Déferts ; c'eft elle qui préfide à ce Tribunal exécrable, qui n'a que trop fervi de reproche à notre âge, qui fait l'opprobre de l'humanité, le défefpoir de la raifon, & l'horreur d'une Religion dont il veut être l'arbitre & le foutien. Puiffe-t-elle brûler des mêmes feux qu'elle n'a que trop allumés ! & puifqu'elle vient au fecours de la Colom-be, & que tout le Cortege de l'Ignorance marche & va combattre pour elle, que l'Aigle triomphante regne à jamais fur les Autels, & que fa aire ne foit déformais formée que des débris de l'encenfoir.

Déjà l'on préludoit aux efcarmouches ; le bruit des coups de bec fe faifoit entendre de toutes parts : déjà la crainte précédoit le mouvement des deux armées. L'Aigle, qui feignoit de fe replier pour s'étendre avec plus davantage , fembloit tout envelopper dans fon vol. L'éclat des fufées qui pétilloient dans fon bec, répondoit au bruit des éclairs

qui

qui fortoient de fa queue, fes yeux remplis de feu brûloient tous les infeétes & tous les Papillons d'alentour, & chaque plume de fes aîles fembloit être une arme étincelante. Déja cette Légion d'Efprits fublimes que <u>la liberté de penfer</u> éleva dans le Ciel, s'avançoit d'un vol rapide ; la Vérité marchoit à leur tête, & formoit un nuage de cartouches qui la couvroient d'un feu terrible.

Déjà la Colombe, qui craignoit d'être débordée, faifoit étendre fes lignes ; un effaim de petits Aides de Camp ; qui ne fait que bourdonner & papillonner dans tous les rangs, étoit déjà prêt à fatiguer fes aîles pour ne rien faire. Tout-à-coup l'Aigle s'élance, & d'un cri qui porte la terreur dans toutes les Volieres céleftes, donne le fignal & brufque l'attaque. Je vois franchir un large foffé qu'on avoit hériffé de trois mille Croffes & d'autant de Capuches. La fameufe Redoute, qui couvroit le Palais de l'Ignorance, eft forcée, & tous les *in-folio* de la Sorbonne & de l'Eglife difparoiffent avec elle.

L'Aîle droite de la Colombe, qui vit la redoute emportée, fondit tout-à-coup fur la Légion Philofophique, & parut l'ébranler ; & tandis que la triple armure de fa gauche couvroit le Palais de l'Ignorance & lui fervoit de barriere, l'Aigle, plus forte de fon audace que de toute l'Artillerie qu'elle traîne

à fa fuite, ouvre tout-à-coup fon bataillon ;
&, par une manœuvre des plus hardies, fait
fortir de l'ouverture des quatre faces une dé-
charge fi terrible, que la triple Phalange
eft renverfée, & le Palais de l'Ignorance
ébranlé.

Déjà l'on perdoit la tête dans tous les
rangs : tout annonçoit le défordre des efprits,
toujours fuivi de la confufion des armes &
des ordres ; tout ce qu'on faifoit pour le ré-
parer ne fervoit qu'à le redoubler. Les Huf-
fards du malheureux Saint-François, dif-
perfés de toutes parts, imitoient dans leur
fuite la légéreté des plumes que les vents
chaffent devant eux. La Colombe, qui craignoit fon entiere défaite, voloit en vain
dans tous les rangs pour rallier fes Efcadrons
rompus. L'Aigle emporta fon aîle droite d'un
coup de bec, tomba fur la Colombe, qui,
plus prompte à l'éviter qu'à fe défendre,
aima mieux perdre le refte de fa queue,
que de la fauver au péril de fa tête. Le cri
de défefpoir qu'elle fit entendre acheva de
mettre en fuite le refte de fes Bataillons ;
elle tomba fur la terre, où n'ayant plus la
force de voler, & fe traînant à peine fur
deux pieds à demi-rompus, elle demande
grâce à tous les Oifeleurs, qui veulent bien,
par pitié, lui laiffer un refte de vie que l'Aigle n'épargnera pas long-temps.

L'Efprit Philofophique, Maître du Champ
de

de Bataille , & deſtructeur du Palais de l'Ignorance, répandit ſes débris ſur la Terre, pour les partager entre les vaincus : il fit préſent de ſa Couronne triangulaire au Général de la triple Légion, comme ſeul digne de la porter. L'Aigle s'enrichit de toutes les dépouilles de la ſuperſtition ; elle fit élever des Ecoles de Commerce & d'Agriculture ſur les débris de ſes Temples ; & tout ce qui ſervoit à parer les Cloîtres & les Moſquées deviendra l'inſtrument des richeſſes & de la population des Campagnes.

CHAPI-

CHAPITRE VIII.

La nuit du 2 Mai.

DÉPUTATION DES SONGES AUPRÈS DU GRAND-VISIR DE LA CHRÉTIENNETÉ.

TAndis que l'Aigle triomphante s'applaudiffoit de rendre à Dieu fa premiere unité, (*) d'établir le regne de la fageffe, & de faire canonifer la raifon, l'Eternel, enfoncé dans fa profondeur de fes idées, rouloit dans fa tête des projets de vengeance; tous les élements en filence fe raffembloient à fes pieds, grondoient autour de lui, & le moindre mouvement de fa tête ébranloit les voûtes du Ciel. Il fortit enfin de la rêverie profonde, où la nature entiere fembloit être

plongée

(*) *L'opinion de trois Perfonnes dans la Divinité n'a pas exifté de tout temps, elle tira fon origine du Paganifme, & s'introduifit infenfiblement fous les noms d'émanation ou proceffion, de génération éternelle, perfonnes & chofes femblables, qui nous viennent des Grecs, & particuliérement des Philofophes Platoniciens, qui pourtant n'en ont pas eu la premiere idée, puifqu'en remontant à la fource, on la découvre toute entiere dans l'idolâtrie des Juifs.* Voyez les vanités ridicules du Docteur Saydi sur la trinité.

plongée avec lui, & dit : Il sera donc publié sur la terre que le Successeur de Pierre a méconnu mes ordres suprêmes, qu'il a porté l'audace jusqu'à les flétrir. Ah ! puisque les Ambassadeurs du Ciel sont étrangers depuis que les Souverains de la terre se sont avisés de substituer le faste au mérite, je ne veux avoir d'autres Envoyés que les Songes ; puisqu'ils sont invisibles, ils n'en feront que mieux l'office d'espions. Il dit, & tout-à-coup la Troupe des Songes se rassembla devant lui : on vit des ombres & des figures enfantines, qui réunissent tous les arts de la folie & toutes les grâces des amours ; les uns étoient précédés par un Cortege bruyant ; d'autres marchent en silence, & semoient autour d'eux des roses entremêlées de pavots, & de cyprès. Le mensonge les conduisoit, & portoit devant eux le miroir de la vérité ; ce miroir étoit si fragile, qu'il suffisoit de le contempler pour le voir tomber, & mettre en pieces. Vous que j'ai créés, leur dit l'Eternel, pour tromper les cerveaux vuides & creux, & mêler dans leurs idées l'espérance & la crainte, allez sur la terre, troublez le sommeil du Grand-Visir de la Chrétienneté, & mettez devant ses yeux l'histoire de sa disgrâce future ; c'est au Livre du Destin, Chapitre XLII. que vous pourrez apprendre votre leçon pour la répéter à tous ceux qui prétendent à l'emploi de Sa

Sain-

Sainteté. Il dit, & l'on vit tous les Songes voltiger & s'envelopper dans les nuages obſcurs qui cachent le Temple du deſtin.

Sous une voûte d'airain, ſoutenue par des colonnes qui ſont l'ouvrage de l'Eternel, & que le temps ne ſauroit détruire, eſt une eſpece de Temple ou de Caverne Sacrée toujours remplie de ſombres nuages, qui ſemblent s'épaiſſir à meſure qu'on cherche à les diſſiper. A ſon entrée eſt un eſpece de Phantôme qu'on appelle la crainte, & qui parle à tous les eſprits qui viennent aſſiéger l'entrée de ce Temple : elle n'a qu'à dire un mot, & les uns tombent à la renverſe, d'autres s'abandonnent à la fuite, & croient ſe dérober au phantôme qui les agite & les pourſuit, puiſqu'ils l'emportent avec eux. Au milieu de ce Temple on découvre l'Eſpérance couronnée d'un rameau toujours verd, qui d'une main careſſe un jeune enfant qu'elle tient ſur ſes genoux, & de l'autre ranime la foibleſſe d'un vieillard qu'elle conduit au tombeau, lors même qu'elle paroît l'en éloigner. A ſes pieds on apperçoit cette Divinité trompeuſe, que l'Eſpérance nourrit au ſein de la folie : tantôt elle veut ſe couvrir d'un voile d'or, tantôt elle renonce à la Pourpre & préfere à ſon éclat la ſimplicité d'un élégant négligé ; mais elle eſt la dupe éternelle de ſa mere : & malgré tous les brillants atours dont elle veut ſe parer, elle n'a

pas

pas même la reſſource de notre pere commun, qui couvroit ſa pauvre nature de quelques feuilles de figuier. On voit au fond du temple la Vérité, ſuivie du cortege des maux qu'elle traîne à ſa ſuite ; elle tient en main un flambeau qui répand une étincelle à travers les ombres de l'illuſion ; elle veut en vain les diſſiper & les combattre : au moment qu'elle veut s'armer contre elle, l'Eſpérance vole au ſecours de ſa fille , combat pour elle , détruit la vérité , ou du moins l'écarte pour un moment de cette caverne terrible qu'elle a choiſie pour ſon aſyle. C'eſt là que la mémoire, tantôt fidelle & perfide, tantôt expirante ou pleine de vie , efface ou rappelle le paſſé, qui tantôt paroît s'éteindre avec le temps & tantôt renaître avec lui. Le préſent qui joue ſes farces ſur un théâtre où l'on ne voit que des éclipſes , tantôt éleve la Scene , & la décore ; tantôt il l'abaiſſe , la dépare & la détruit. L'avenir, toujours auſſi ſombre que l'affreux nuage dont il eſt couvert, reſſemble à ces hommes d'Etat , qui vieilliſſent dans la frivolité des promeſſes & n'en tiennent aucune. C'eſt dans cette caverne, ouverte à tous les eſprits, que réſide le Deſtin : ce vénérable Vieillard, qui, comme le temps, ſoutient la peſanteur de ſes années, reſſemble au pere des ſiecles dont il a dévancé la naiſſance. On dit même que le temps ne l'a formé que pour être la dupe

G 4

éternelle

éternelle de ſes arrêts. Une barbe griſe luî
ſert de ceinture, elle couvre ſa poitrine toute
entiere & la dérobe à nos yeux. C'eſt là
que l'Eternité, ſous la figure d'une Lucrece
toujours nouvelle, taille les plumes d'airain
qu'elle préſente au Deſtin, lui montre les
cheveux d'or qui couvrent ſa tête, & dérobe
à tous les humains la faculté de les compter.
Le vieillard, qui connoiſſoit les volontés du
Ciel, appella les Songes par leur nom. La
couleur dont ils étoient revêtus annonçoit
leur caractere diſtinctif. Le premier de tous,
appellé *Roſifer*, portoit un habit de roſes,
& mêloit aux pavots du ſommeil toutes les
fleurs du Printemps ; l'autre, qu'on appelloit
Suador, portoit un habit de Lys & une couronne d'Olivier. Le troiſieme, qu'on appelloit *Mellifer*, reſſembloit à la jeune Abeille
qui baigne ſes aîles colorées du ſuc des
fleurs, & qui nous cache l'aiguillon dont elle
eſt armée pour nous percer. Le quatrieme,
nommé *Bellifer*, couvert d'une robe éclatan-
te tiſſue de feuilles de Laurier, ſemoit les ris,
les éclairs & les jeux, & compoſoit tous ſes
mouvements avec autant de force que de
juſteſſe & d'élégance. Il ordonne à *Roſifer* de
ſe parer des plus riches couleurs, & diſtri-
buant à chacun d'eux l'emploi qui leur eſt
confié, il ouvre devant eux le Livre du Deſtin : & leur leçon bien appriſe, ils courent
dans Rome pour en effrayer les cerváux Ec-
clé-

sléfiaftiques. Bientôt on vit des chars volants entourés de nuages , attelés par une foule de papillons , fendre les airs , & porter dans le Vatican toutes les images terribles que l'Ange des ténebres répand & fait naître autour de lui.

CHAPITRE IX.

La nuit du 3 Mai.

TAndis qu'un doux fommeil careffoit les Membres facrés du Grand-Vifir, *Rofifer* attendoit en filence que Sa Sainte Hauteffe fermât les yeux pour femer devant eux toutes les rofes dont il étoit couvert, & mêler à toutes ces fleurs mille petits ferpents entortillés autour de la thiare. Voici l'image terrible qu'il offrit aux yeux de Sa Sainteté.

Sur un tapis de rofes, on voyoit un monftre, qui fortant d'une tombe ouverte à demi, s'élancoit fur le Maître-Autel, pour dévorer tous les hommes vêtus de blanc ou de noir, qui oferoient en approcher. Ce monftre étoit une Hienne, qui reffembloit à celle du Gevaudan ; fes entrailles, doublées d'airain, la rendoient inacceffible au canon. Malheur au Régiment de Dragons ∥ qui ∥ novice dans l'art de combattre les monftres, oferoit l'attaquer pour fon premier coup d'effai. Cet animal fier & terrible tenoit dans fa gueule un Livre qui reffembloit à l'Evangile nouveau : tantôt il en flétriffoit la couverture, tantôt il en retranchoit quelques feuillets, qui paroiffoient écrits par la main des hommes.

mes. Tous ceux qui s'avifoient de les ramaf-
fer étoient terraffés ou dévorés par le monftre.
On voyoit autour de lui un Bataillon de
Coëffures en ordre de bataille : il étoit fuivi
d'un troupeau de Chapeaux rouges & de
Cervelles fendues qui marchoient à deux
pieds. Le Vifir Eccléfiaftique étoit à leur
tête, porté par des hommes qui trotoient en
cadence, & qui, loin de s'approcher du
monftre, s'en écartoient fans cefle, malgré le
faint zele dont Sa Sainteté paroiffoit être
animée pour fa deftruction. Tous les jeux de
fa queue & les mouvements de fa tête
emportoient au Diable toutes les Croix que
le Saint-Pere répandoit dans les airs : les
prieres ne fortoient plus de fa bouche pour
monter au féjour des Anges ; elles s'arrê-
toient fur la terre, pour annoncer à tous les
Peuples la foibleffe de leurs aîles, qui ne peuvent plus les foutenir dans les airs. Enfin,
après bien des prieres & d'exorcifmes perdus,
ce Monftre vit une fontaine d'où paroiffoit
couler une onde auffi pure que les eaux de la
grace. Chacun alloit boire dans cette eau pour
fe purifier, & chaque verre coûtoit un écu
Romain. Que le pauvre fût altéré, & prêt
à rendre la vie faute de boiffon, il falloit
donner cette piece d'argent ou mourir
de foif. Sa Sainteté, qui paroiffoit craindre
pour la perte de fon revenu, vit ce monftre
qui s'élançoit dans cette fource d'eau vive,

la troubloit à grands coups de queue // &
l'infectoit de son haleine impure. Le Visir,
indigné de voir souiller la pureté d'une eau si
sainte, ordonna de la tarir, & bientôt on en
ferma la source comme étant inutile au salut
des ames. Depuis ce temps, on a su se passer
de la pureté des ces eaux ; & comme l'eau
de la grâce. ne coule plus, soit qu'elle soit
tarie dans sa source, ou plutôt arrêtée dans
ses canaux, on a creusé de nouvelles fontai-
nes sur la terre , & l'on a soin de leur prêter
toute la vertu des ondes les plus pures : mais
s'il est vrai que sa source venoit du Ciel, sa
pureté devoit être inaccessible à l'haleine
d'un monstre qui porte l'infection avec elle ;
si cette eau qui couloit dans les premiers
temps / & qui servoit de remede à tous les
fideles , étoit alors un breuvage salutaire,
pourquoi l'a-t-on laissé corrompre ? Doit-elle
perdre sa vertu parce qu'un monstre a l'audace de s'y plonger ; puisque sa pureté sainte est émanée du Ciel, pourquoi n'est-elle
point au-dessus de tout autre Puissance physi-
que ? Et faut-il que trois ou quatre syllabes
aient droit de sanctifier toute matiere fluide,
& que pour la rendre inaltérable, la volonté
d'un Dieu Créateur ait besoin de la parole
des hommes ?

CHAPL.

CHAPITRE X.

La nuit du 1 Juin.

LE Vifir Eccléfiaftique careffoit fur le tendre duvet fa fainte nature, & le doux fommeil livroit à fes charmes tous les habitants du Sacré Serrail, tandis que fa pieufe molleffe oublioit au fein du repos les troubles de fon Eglife, & que fa tête fe délaffoit avec plaifir du poïds d'une triple couronne trop pefante pour ne pas excufer le faint amour qu'elle eut toujours pour le bienheureux Quiétifme. Il fut tranfporté tout-à-coup, par le paifible *Mellifer*, dans un jardin qui reffembloit à celui qui fut autrefois le berceau du prèmier homme : on y voyoit des fruits & des fleurs de toute efpece ; mais Sa Sainteté, toujours empatée des mets les plus excellents, n'étoit pas tentée de goûter les fruits qui fe préfentoient à fes yeux. Elle promenoit fes regards des tous côtés, lorfqu'elle apperçut un trône de fougere qui flottoit au gré des vents qui l'agitoient en filence. Sur ce Trône s'élevoit un arbre chargé de feuilles, qui imitoient la couleur de la Pourpre ; chaque feuillage étoit couvert de petits infectes qui s'étendoient, & croiffoient à

mefure

mefure que la vue en approchoit; chacun de
ces infectes étoit armé des pointes prêtes à
percer la main qui les touchoit : toutes les
branches de cet arbre étoient chargées de
fruits façonnés en forme de Mitres & fendus
comme elles. Cette efpece de fruits qui parut
être nouvelle pour les yeux du Vicaire-Général, tenta fon appétit; & comme l'arbre élevoit fes Rameaux au-deffus de la longueur de
fes bras, & que la vieilleffe ne permet point
à des mufcles appefantis de s'allonger & de
s'étendre, il voulut applanir fes épaules voû-
tées, pour embraffer, ébranler le tronc, agiter fes branches & faire tomber des poires
fendues. A peine eut-il fecoué l'arbre,
que la terre fut couverte de poires mitrées
qui s'écrafoient en tombant, parce qu'un excès de maturité les avoit déjà corrompues,
en forte qu'il ne fut pas poffible d'en déterminer le goût. Mais quelle fut fa furprife
quand elle s'apperçut qu'il ne reftoit pas un
fruit fur cet arbre Apoftolique, & que malgré
tous les efforts il ne pouvoit en abattre les feuilles. C'eft en vain qu'à force de fecouer fes
épaules contre le tronc, il épuifoit fes forces
jufqu'à voir fes genoux affaifés & tremblants
fe dérober fous la foibleffe de fon corps. Les
feuilles tenoient aux branches comme le démon de la chair tient à la Prélature, & les
infectes qui s'attachoient aux feuillages héri-
riffoient contre lui des pointes menaçantes : il
réfolut

réfolut de faire couper cet arbre au pied;
mais tandis qu'on approchoit la coignée, il
fe renverfa lui-même fur le corps du Grand-
Vifir. Bientôt on vit fortir des racines de cet
arbre trois grands Perfonnages chargés de Chapeaux rouges & des Couronnes fendues ;
ils s'élancerent tous trois fur le Grand-Vifir,
pour le dépouiller des ornemens de fa tête
& les partager entr'eux (*diviferunt fibi vef-
timenta mea, & fuper veftem meam miferunt
fortem ;*) l'un fe faifit de fon Sceptre, l'autre
lui ravit fa triple Couronne, & le troifieme
le priva de tout, & même du Droit Sacré
des Indulgences. On ne lui laiffa que fon erreur, qui doit être éternelle comme l'infaillibilité qui l'entretient. Le raviffeur de fon
Sceptre traverfa les Alpes, & vint établir
fon Empire chez les François, où bientôt
le même Sceptre qui détruifoit la tolérance
& la liberté théocratique, en deviendra l'inftrument & le foutien.

Celui qui dépouilla fon front de fa triple
Couronne a porté fes pas jufqu'aux bords du
Danube, où il s'eft arrêté, & peut-être qu'à
l'exemple du premier il fera de tous les cli-
mats du Nord le Théâtre de fa puiffance.
Le troifieme eft encore incertain de la route
qu'il doit prendre ; mais fans doute qu'on lui
verra porter en triomphe les clefs du Purgatoire, & que laffé d'en montrer la rouille à
tous les habitants de l'Europe, il traverfera les
deux

deux mers , pour faire préfent de fa conquête aux Peuples du Nouveau Monde , ou
plutôt pour en échanger la valeur contre le
produit de fes mines.

CHAPI-

CHAPITRE XI.

La nuit du 2 Juin.

DÉLIBÉRATION DU SACRÉ COLLEGE.

DEjà le sombre ennui qui préside aux Audiences du matin se plaçoit à l'entrée des antichambres : déjà la belle Marchande prêtoit aux galanteries de sa boutique un nouvel éclat ; & , tandis qu'elle ouvre son sac à chiffons pour y chercher ce qu'elle ne veut pas y trouver, ses yeux frippons lorgnent le goût des passants, & dévorent la bourse des acheteurs. Déjà la Niece du Cardinal de ***. faisoit retentir toutes les sonnettes de la maison, & sembloit vouloir se venger sur toutes ses femmes de l'affront que son Oncle venoit de faire à ses appas : déjà, sous un petit déshabillé de Prélat, la belle Rosalia venoit faire sa cour à Son Eminence : les Galeries commençoient à s'ouvrir , mille Déserteurs de Paphos, qui portoient la couleur & le parfum de la violette , venoient échanger quelques faveurs antiphysiques contre des Abbayes : les Cardinaux & les Prélats quittoient leur Maîtresses pour entrer

dans

dans la Niche parfumée, & voir déployer devant eux tous les apprêts d'une fainte toilette : déjà les Portes du Vatican étoient affiégées de mille petits Abbés rêveurs , qui dans un beau fonge attrapent des Mitres & des Chapeaux , & ne trouvent à leur réveil qu'une petite Calotte qui couvre la nudité de leur chef. Déjà les Colporteurs de Placets & des Requêtes attendoient le lever du Grand-Vifir, & tous ceux qui font le commerce des Indulgences venoient auprès de Sa Sainteté pour les acheter en gros & les revendre en détail : quelle circulation pleine de vie repandoit de tous côtés les tréfors du Vatican ! Que de chaleur & d'action dans le trafic immenfe qui fape & detruit le Saint Edifice en faifant la richeffe des Architectes. Déjà l'on préparoit des hommages à l'Idôle du jour ; & comme on ne connoît plus l'ufage des Sacrifices qu'on faifoit autrefois à la Religion , on portoit des offrandes d'une efpece affez neuve au pied du Saint-Pere : l'une préfentoit une corbeille de rofes, de myrthe & de jafmin ; l'autre offroit une fleur qui n'étoit pas encore éclofe , & que le Saint-Pere ne faifoit que flairer , laiffant à quelque Cardinal le foin de la faire épanouir. Parmi tout cet appareil , Sa Sainteté crut qu'il étoit temps de s'arracher des bras de fa chere Compagne ; car on dit que la molleffe a du goût pour tout ce qui refpire

une

une odeur de sainteté, & que le Trône Pontifical est le plus paisible de tous ses Autels, & peut-être celui qu'on honore le plus. A peine Sa Sainteté fut-elle sortie de son lit, que tous les Songes qui revenoient agiter son esprit le remplissoient de mille sombres idées. Il fit appeller le Cardinal de ***. & lui raconta l'histoire de son sommeil. Il étoit si pénétré de son récit, qu'il croyoit voir encore autour de lui toutes les images qui l'avoient frappé dans la nuit. Son Excellence ne manqua pas de vouloir dissiper le trouble & le désordre de l'Esprit-Saint organisé. Il épuisa son éloquence ; il voulut prouver par mille passages puisés dans les Livres Sacrés & Profanes, que les Songes n'étoient que l'effet des impressions, qui ont affecté plus ou moins l'esprit du rêveur, & que, malgré l'opinion des Prophetes, le Ciel n'a pas besoin d'emprunter la voix de quelques signes faux ou vrais pour nous peindre ses volontés; & si les rêves, si redoutés dans les temps prophétiques, étoient regardés comme des oracles qui s'accomplissoient toujours, c'étoit moins par les effets d'une impulsion métaphysique, que par la foiblesse & la crédulité des peuples. Toute la force de ces raisons ne peut rendre le calme à l'Esprit-Saint du Grand-Visir, qui vouloit, dès le moment, faire assembler tous les Sages de Rome pour expliquer ses rêves. A quoi Son Excellence

 répon-

répondit que ce feroit avilir la plus fainte des Religions que de la foumettre aux décifions de tous ces gens / au cerveau lunatique, qui pour être defcendants de Jacob, ne fe perdent pas moins dans les abymes de l'avenir. Il ne craignit pas de repréfenter à Sa Sainteté que le Vicaire de Jefus perdroit bientôt la vénération des Fideles / fi l'on apprenoit que pour éclairer des rêves, fa foibleffe l'a pu réduire à la néceffité d'emprunter les lunettes d'autrui. Croyez-moi, lui dit-il, votre ame fainte peut être agitée de quelques peines fecretes, car le dégoût & l'ennui pénetrent jufqu'au Ciel, & les fonges ne font que l'effet des agitations que nous éprouvons dans le fommeil. Il fuffit de s'endormir & d'avoir l'ame affectée de quelque impreffion violente, pour que cette atteinte frappe notre imagination de mille objets, toujours auffi fombres que le menfonge qui les a produits. Mais fi Votre Sainteté peut s'élever à Dieu-même, & fe mettre au-deffus de l'erreur, fans être inacceffible à la crainte, elle pourroit affembler le Sacré College /: fans doute que parmi les Membres qui le compofent, il eft des Sages éclairés par le Ciel, & qui font inftruits à lire dans l'obfcurité des Songes. Efpérez que le Ciel / qui s'intéreffe au bonheur de vos jours, terminera vos peines / & ne couvrira vos yeux que de pavots bienfaifants, tels

qu'une

qu'une ame bienheureuſe doit les goûter ; il
ne permettra pas que de Songes vains éter-
niſent le déſeſpoir dans votre ame ; il ſuf-
firoit d'ordonner une heure de flagellation
pour les Cardinaux , la nouveauté de cette
pénitence pourroit toucher le Ciel, car il eſt
fatigué de jeûnes , d'aumônes & de prieres ,
il veut de la nouveauté dans les grâces méritoires qu'on veut en obtenir. Je ne doute
point que les vœux des fideles ne ſoient
exaucés : il n'eſt pas beſoin d'annoncer la
raiſon de cette Cérémonie expiatoire ; je
dirai ſeulement que cette flagellation eſt or-
donnée pour la proſpérité du Vicaire Apoſtolique, troublé depuis quelques jours par les
maux dont on afflige l'Egliſe. J'entre dans
vos raiſons, lui répondit le Saint Perſonnage,
& je conſens que vous ordonniez de ma part à
tous les Cardinaux de s'aſſembler, & de faire
proviſion de Martinets de toute eſpece ; je
jugerai, par le plus ou moins de façon que
chacun mettra dans ce pieux exercice, de l'intérêt que vous prenez tous à la tranquillité
de mon ſommeil.

 CHAPL

CHAPITRE XII.

La nuit du 3 Juin,

NOUVELLE CÉRÉMONIE EXPIATOIRE.

SOn Eminence fut annoncer à tous ſes Confreres les ordres du Saint-Pere, & l'heure de la Cérémonie. Ce genre de pénitence n'étoit pas nouveau pour tout le monde ; car il eſt des gens qui préferent les coups de fouetſ à la délicateſſe des plus doux attouchements : tout eſt Art ou Science parmi les hommes ; & comme il eſt des Martyrs qui n'ont été Canoniſés que par les grâces qui ſont attachées aux Martinets, on peut dire que la plupart des canoniſations ont été l'ouvrage de la flagellation. (*) Delà vient que l'art de mettre les paſſions en jeu par les reſſorts

---

(*) On dit que *Jules III.*, *très-profond dans les connoiſſances Antiphyſiques, tenoit à ſa ſolde une Compagnie de Gitons, & que le plus laid d'entr'eux fut gratifié d'un Chapeau Rouge, pour avoir fait quelques nouvelles découvertes dans l'art d'irriter l'entre-deux, & de rendre au ſang de ſon Maitre cette active chaleur qui croît & s'augmente par les fortes careſſes dont on preſſe la parenté du derriere.* Dic. Bayle. Siud. d'Alex. IV. VII.

Olivier Magni en fait une peinture affreuse, Ode de félicitation sur sa mort, fol. 70. 71. et fol. 126 Paris Wechel, 1559.

forts du poftérieur eft plus cultivé dans Rome que dans tout autre pays, & qu'à force d'en multiplier les Ecoles, on les a rendues fi néceffaires, qu'il eft autant de Maîtres que de Difciples. C'eft là qu'on trouve de jeunes apprentifs qu'on inftruit au grand art de préparer les verges, de mettre dans leurs geftes toute la flexibilité convenable : tantôt de frapper avec autant de légéreté que de vîteffe; tantôt de porter un bras méthodique, qui cadence la légéreté de fes coups en effleurant la place où la verge doit tomber. Les Cardinaux étant affemblés, chacun voulut favoir quelle étoit la raifon du Saint-Pere, pour livrer une Partie innocente à la correction : il en fit part à l'Augufte Affemblée, qui prétendit d'abord qu'il falloit choifir pour cette expédition tous les jeunes Abbés dont les bras nerveux pourroient mieux fupporter la fatigue, & qui feroient exercés d'avance au grand art de mortifier la groffe nature & de martyrifer celle d'autrui. Les uns furent d'abord de cet avis, les autres étoient gouvernés par un fentiment contraire; enfin, on recueillit les voix : trente-deux opinent pour la queftion ordinaire, & vingt autres pour l'extraordinaire. On fut rendre compte à Sa Sainteté de la délibération du Confeil, elle la ratifia, & fans perdre temps fit procéder à l'Election de cinquante-deux jeunes Calotins, très-propres à mettre du

H 4

neuf

neuf dans cette bruyante Cérémonie. L'heure désignée pour cette nouvelle représentation étant venue, on se rendit au lieu de la Scene : tous les Acteurs rassemblés, Sa Sainteté jetta les yeux sur eux, & l'on vit disparoître toutes les décorations qui couvroient le devant & le derriere du Théâtre. Bientôt on entonna, d'une voix unanime, le Cantique des trois Freres dans la Fournaise, afin que le Tout-Puissant daignât répandre ses bénédictions sur tant de fesses pieusement martyrisées.

Après la mauvaise digestion de ce Cantique, chacun des Apprentifs saisit son beau patient, & le fit placer devant un fauteuil, pour prêter à ses coups une force plus élastique. On donne le signal, le rideau se leve, & l'on voit tomber la reliure du Saint-Pere. Tout-à-coup on ouvre la Scene & chaque Acteur commence son petit jeu : quelle force dans l'action ! quel développement dans les gestes ! tous les bras se levoient & tomboient en cadence. On entendoit ces claquements heureux qui flattent l'oreille, & ravissent l'ame du Patient en extase. Cette Scene auroit duré plus long-temps, si le Saint-Pere, qui promenoit ses yeux sur le devant & sur le derriere de tous les Martyrs, ne s'étoit apperçu de certaines érections qui lui firent craindre pour le peuple Agent, les

effets

effets d'une trop longue flagellation. Et bien
en prit à la prudence de l'Homme - Dieu
d'ordonner la clôture du Théâtre ; car le
jeu de la chair étoit déjà fi revolté contre
l'efprit , que le Pape trembloit de jouer un
bien mauvais rôle, & d'en être la premiere
victime.

CHAP.

CHAPITRE XIII.

La nuit du 4 Juin.

Apparition de Bellifer.

LE Grand-Visir rendoit grâce à tous les Cardinaux, de tous les coups de discipline qu'ils avoient endurés pour le repos de sa conscience ; il s'applaudissoit avec eux des effets qu'il en attendoit, persuadé que le Ciel verroit avec bonté tant de sacrifices, qui, pour être offerts par la Partie du Couchant, n'étoient pas moins méritoires. Mais Sa Sainteté se trompa ; car le Saint-Pere, qui ne porte que des lunettes, ne voit point avec les yeux du Grand-Maître. Il vit bientôt que cette flagellation n'avoit produit aucun effet, parce qu'elle flattoit la chair & l'esprit, au lieu de tourmenter l'un & l'autre. *Bellifer*, en habit de combat, & suivi d'une Troupe de Voltigeurs, vint assiéger le Duvet superbe où le Grand-Visir, mollement étendu, se livroit au plaisir d'oublier la Sainteté de ses Membres étiques. Jamais plus doux sommeil ne mérita mieux d'être respecté ; mais les songes pénetrent par-tout, & rien n'est sacré pour eux, pas même les cervelles

feu-

fendues. La bienheureuse victime des fonges se livroit à toutes les douceurs du repos,
tandis que *Bellifer* vint accabler son esprit
des assauts les plus terribles. Le feu qui
sortoit de ses yeux formoit une espece d'em-
brasement, qui répandoit des étincelles dans
l'appartement & sur les rideaux qui couvroient
sa sainte nature. Le Saint-Pere, qui croyoit
voir le Feu céleste descendu sur sa tête,
saisi d'une crainte qui ajoutoit à la profondeur de son sommeil, & retenoit ses esprits
dans une espece de léthargie, crut, dans
l'horreur de ce moment, s'arracher à son
Duvet pour se dérober à l'incendie; & tandis qu'il croyoit marcher dans son Appartement, il rencontra sous ses pieds mille
petits aiguillons qui sortoient de la terre
pour le percer. Il poussa des cris terribles
que personne n'entendit, & rentra dans son
lit tout pâle & saisi d'horreur. Bientôt il voit
une espece de phantôme organisé que *Bellifer*
traînoit par les cheveux : ce phantôme étoit
chargé de croix, & portoit de la main droite
une grande corbeille remplie de Billets de
Confession; & comme il parloit de les échanger contre de petites pieces d'argent, des
petits hommes vêtus de Pourpre l'environ-
noient & débitoient sa marchandise à tout
prix; & tandis qu'on formoit un cercle autour de lui, un Escadron de petits Diables
en robe fourrée, & chargés d'une coëffure
in-folio,

in-folio, defcendoit du Ciel, mettoit en fuite tout le Cortege, & fe rendoit Maître du Champ de bataille. Ce moment fi terrible aux yeux du Grand-Vifir fut l'inftant de fon réveil : il fe leve, il jette les yeux de tous côtés, & ne voit rien, pas même l'ombre du rêve dont il étoit encore effrayé : il quitte fon lit ; & fans attendre le lever des Cardinaux, fait affembler le Sacré Concile pour terminer enfin tant de frayeurs & d'ennuis.

CHAPI-

CHAPITRE XIV.

La nuit du 5 Juin.

LE SACRÉ COLLEGE.

LEs Cardinaux assemblés pouvoient bien interprêter les rêves de Sa Sainteté ; mais aucun d'eux n'osoit dire la vérité : il est aussi dangereux de la prononcer dans le Vatican que dans toute autre Cour ; & l'oreille du Saint-Pere n'est pas plus indulgente que celle d'un autre Souverain. On dit même qu'il n'aime point la vérité , parce qu'un bon Chrétien ne doit jamais outrager personne, & ne doit mettre dans sa bouche, suivant la parole de l'Eccléfiaste , que du miel ; en sorte que tous les Cardinaux ensemble ne parloient que pour flatter les ennuis de Sa Sainteté , & s'excusoient tous sur le peu de connoissance qu'ils avoient dans l'art d'expliquer les rêves. Mais un d'entr'eux, qui connoissoit un Vieillard dans Rome aussi savant dans l'interprétation des Songes, que l'aîné des enfants de Jacob , & qui même prétendoit descendre en ligne directe de cette Augufte Tribu, proposa de l'interroger, & assura que la Sagesse de ses ré-

ponses

ponses pourroit satisfaire le Grand-Visir. En conséquence le Vieillard fut mandé : il parut au milieu du Sacré Concile , & fit revivre à tous les yeux cette intrépidité qu'un Sage de la Grece fit respecter autrefois au milieu de l'Aréopage. On lui ordonna de se mettre en prieres, de purifier sa bouche, & de lever les mains vers le Ciel en invoquant l'Esprit-Saint. Il répondit qu'il n'avoit pas besoin des secours du Ciel ∦ pour expliquer des rêves , qu'il avoit appris ce grand art dans l'Histoire de l'Ignorance & de la Crédulité, & que les maladies qui naissoient de la foiblesse de nos Organes ∦ devoient être guéries par la raison. Il interrogea Sa Sainteté , lorgna ses yeux & tous les traits de son visage, lui demanda toute l'histoire de sa vie & de ses rêves , & prononça son jugement avec autant de force que de vérité : Mais à peine eut-il fini son Oraison ∦ que toute l'Assemblée se souleva contre lui ; il fut chargé de mille croix, accablé d'anathêmes, traité d'imposteur & d'antechrist, & digne d'être remis entre les mains des Huissiers du Saint Office. le Vieillard regardoit ses Juges avec un œil de compassion : il étoit inébranlable comme la raison dont il étoit l'Apôtre le plus zélé. Pour moi, qui fus témoin de cette scene tragique, je ne rappelle qu'à regret le malheur de ce pauvre Philosophe qui , victime de son savoir, nous apprend qu'il est

dange-

dangereux d'aller trop loin dans la carriere, & que l'on doit s'arrêter par-tout où l'on nous oppofe des barrieres facrées/: Mais au moment que ce pauvre Martyr de la Philofophie faifoit le fecond Tome de la Paffion, l'Efprit de vertige s'empara de la cervelle du Grand-Vifir, & bientôt la prédiction du Philofophe accomplie le vengera du fupplice de l'inquifition, & parviendra peut-être à foulever la raifon contre l'injuftice d'un Tribunal qui fert d'outrage à la Religion, de prétexte au Defpotifme Sacré, & de monument à la honte du Siecle.* Pour moi qui fuis à l'abri de l'inquifition / & qui n'en connois d'autre que celle qu'on veut donner par-tout à la liberté de penfer, je laiffe le Vifir Eccléfiaftique où je l'ai pris, c'eft-à-dire, dans fon lit; car il eft bon qu'il y foit toujours pour le repos de nos confciences. Voilà l'Hiftoire & la fin des Rêves de Sa Hauteffe. Je voudrois bien voir ainfi le terme des miens : mais nous naiffons pour faire trois Songes; le premier ne nous fait aucune impreffion, & nous n'en confervons qu'une foible idée qui nous échappe pour exciter nos regrets; le fecond ne fert qu'à flatter, ou plutôt à tromper notre fommeil, il nous féduit / & nous éblouit par le mélange & la beauté de quelques rayons, qui toujours dorés / ou colorés avec art, ne brillent

* Voiez les annales politi. et litt. des françois de Linguet, tome L. N.° 7. 1777. édition de Londres.

brillent un moment que pour nous préparer
de longues éclipfes ⫶ & nous laiffer envelopper de mille fombres nuages ; le troifieme eft terrible à foutenir, il nous afflige
d'avance, il nous effraie ⫶ & nous conduit
à l'Eternité d'un beau réveil, que je vous
fouhaite, s'il en eft un.

Ami Lecteur, refpecte mes Rêves ⫶ &
ne t'avife pas d'en rire ; fouviens-toi que
la plupart des Prophéties & des Révélations
n'étoient que des Songes, & que Dieu,
felon l'Ecriture, n'en faifoit aux Prophetes
que pendant leur fommeil ; c'eft à toi de
juger fi mes Rêveries portent le caractere
des Auteurs Prophétiques. Viennent-elles
du Ciel ou des vapeurs du fommeil ? décide comme tu voudras. *Amen, amen.*

F I N.